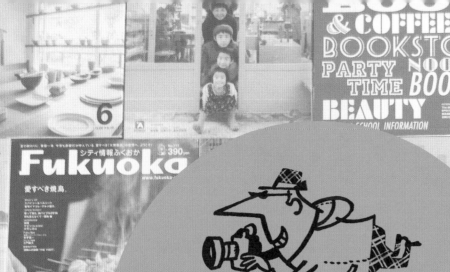

REVIVAL journal
再評価通信

written by
arata coolhand

JN057856

TWO VIRGINS

Contents

当書は、福岡のタウン情報誌《シティ情報Fukuoka》15年7月〜19年10月に掲載された同名コラムを再編集したものと、東京多摩地区のタウン誌《たまら・び》13年4月〜16年7月に掲載されたコラムをリマスタリングした書籍です。掲載から時間を経ているため、出てくる語句に一部違和感が感じられる場合があるかもしれません。予めご了承ください。

はじめに

再評価こそ人生を楽しむ術である

「片付け」は、一種のブームからすっかりライフスタイルカテゴリーのワン・ジャンルとして地位を確立した。ひと昔前ならせいぜい雑誌のコラムくらいだったのに、今では料理や子育てなどと並んで書店にコーナーをも作らせている。そして「生き方」や「人生観」にまでイデオロギーを拡げ、カリスマ作家まで生み出す分野へと成長した。昨今では世界に飛び出して日本流片付け術が波及している。それだけ人類は「モノとの付き合い」に手を焼いているのだ。

そんな「片付け」界からひとりスターが生まれた。「断捨離」だ。語源はヨガの行法から来ているそうで、モノへの執着を捨て自ら背負い込んだ重荷からの解放を図り、身軽になって快適な生活と人生を手に入れることがその目的だという。この語が生まれたのは 70 年代だが、30 年後に巻き起こった片付けブームがこの言葉を聖語のように扱い、新たな使命を持たせた。人類的課題の解決をこの一語に託したのである。

自分の人生のリセットを所持品の総処分に委ねる「断捨離」は、その語感の新鮮さも手伝い予想以上に世の中に波及した。"勿体ない"やら"思い出の品"やらといった対義語の呪縛から、すっかり家に沈着したたくさんのモノたちをゴミ焼き場へと移動させる大義名分を人々に与え賜うたのである。

捨てることで精神の老廃物が排出され気分は爽快。家にもココロにも空間が生まれ、ジンセイが軽やかになったという歓声が全国から続々と上がり列島を席巻した。持つ者も持たざる者も家財道具をゴミ袋に詰め込み「断捨離」する。かくして動詞にもなった「断捨離」は、目詰まりを起こして久しかった消費社会の救世主となった。と同時に、使い古したモノを廃棄することは遂に「善行」とジャッジされたのである。ゴミ処分場の満杯問題とは別に。

中古自動車はその価値にかかわらず、環境に悪いからと高い税をかけられている。古着は「誰が袖を通したかわからない」と低く見られ、家も古ければ査定額は 0。アンティークや古民家は珍重されるのに、中古品や中古住宅は同じ古くても「使い古し」と悪者だ。

しかし知者なら彼らの中にいくつものアドバンテージが発見できるはず。まずはスペック。40年前の中古車からは、いかにたくさんの質の高いパーツを使い組み立てていたかが窺える。オーディオもそうだし、洋服だってそうだ。今ではコストカットなどといってあるべき部品や使うべき材料を省いたりしているが、昔のものは違う。すべてにおいて律儀にイチから成形し、丁寧に組み込み仕上げている。昭和の中古住宅には、今では高価となった木材がふんだんに使われていたりする。

そしてデザイン。昔の家電製品は、ツマミひとつとってみてもコストがかりそうな凝った意匠を採用している。今ならまず社内会議を通らないだろう。だが往時は「いかに買う人を喜ばせられるか」という点に強くフォーカスしてモノづくりがされていたため、そんなことは度外視していたフシがある。もし今、同等品をそっくり作ろうとしたなら、目玉の飛び出るような価格になるに違いない。裏返せば、現在売られている新品はそこには到底及ばないレベルのモノともいえる。中古品はそんなことを雄弁に語ってくるのだ。

確かに不要品を何十年も放置していれば家庭環境は破綻する。ゴミ屋敷の例をあげるまでもなく「片付け」は必要だ。しかしだからといって多くの人が所有物をヒステリックに捨てて家を空っぽにする必要はない。これまで散々楽しませてもらったのだから大切にしてやるべきだし、手放したいなら誰かに譲ればいい。特に環境問題が深刻な昨今、廃棄ではなく次の誰かに渡す行為までを「片付け」の概念に入れるべきではないかと強く思う。

この『再評価通信　REVIVAL journal』は、そんな中古品を改めて見直し再評価することを旨として綴ったコラムである。再評価を楽しむ術を知ればいたずらな断捨離こそ"不要品"。古物は作り手たちのロゼッタストーンだとわかるはず。耳を傾け眼を凝らせば、今の製品にはまったくないサムシングが伝わって来るに違いない。再評価が楽しくなったとき、あなたの人生の楽しみ方も大いに変わるだろう。

アラタ・クールハンド

REVIVAL Story

FLAT HOUSEの再評価

さて、「平屋」と聞くとみなさんは何をイメージするだろうか?「農家」「実家」「おばあちゃん家」etc…押し並べて言えば "都市部から離れたところにある前世代的建物" といったところか。表現的には確かに当たっている部分もあるけれど、実は今も都市部に平屋は結構存在している。なにしろ昭和40年代半ばく

馬主車場代無料!

カーポートなど駐車スペースが大抵付いてるので、マイカーのパーキング料は月額0円。

引っ越しがラク!

平屋への引っ越しは料金も低い。平屋から平屋であれば更に安くなる。

ペットが飼える!

大抵の物件はペット飼育可でNGは滅多にナシ。家内外で思う存分に戯れられる。

らいまでは2階建てよりも平屋の方が圧倒的に多かったのだから。最近は老朽化や相続の問題からどんどん壊され、すっかり絶滅危惧種となってしまった木造平屋。私はそれに約20年間暮らし、住むだけでは飽き足らず"FLAT HOUSE"と名付け本まで出してしまった。現在では福岡と東京都下それぞれにFLAT HOUSEを借り、交互に住んでいる。ではいったい古い平屋のどこがいいの？？と疑問を持つ方も多いだろう。住んだ者でないと判らないそれらのチャームポイントをいくつか挙げてみた。

FLAT HOUSE の どこがいい？

ルックスがいい！

三角屋根にアプローチの延びた木製ドア。その外観には誰もが「カワイイ！」と叫んでしまう。

建具が素敵！

どこも同じような内装の今の住宅とは違い、木製の窓枠や真鍮のドアノブなど経年による味わいの深まったインテリアが楽しめる。まさに"住むアンティーク"。

ゆったりしている！

庭付き物件が多いのでスペースたっぷり。BBQや子供のプール、洗濯物も干し放題！

家賃が安価！

同じ間取りのマンションと比べ、同値以下のことが多い。庭がある場合は更に安い換算となる。

近隣への気兼ねなし！

マンションやアパートのように、上下左右に神経質にならず暮らせる。

FLAT HOUSEの種類

大別すると FLAT HOUSE には
米軍ハウス、文化住宅、その他の平屋の3つがある。

① 米軍ハウス

正式には Dependents housing / ディペンデンツ・ハウジング＝扶養家族用住宅といい、その名の通り駐留米兵とその家族の住まいとして建てられた家屋。全国の米軍基地がある街に集落で建ち並んでいた。概ねが木造平屋 (注1) で、屋内へは土足で上がる欧米式。また、バスルームにはトイレも一緒に設えてある。外壁は板張りかモルタルで仕上げてあり、そのスタイルは時期や家主によって異なる。切り妻型の屋根に木枠窓というシンプル且つ可愛らしいエクステリアから、FLAT HOUSE の中でも人気が高い。

通りとの間に無粋なブロック塀などはなく、通行人に惜しげなく家全体のフォルムを披露している。春夏には外壁に美しく花が絡まってご近所の眼を楽しませている。

(注1) 沖縄に限ってはコンクリートブロックで建てられている。呼び名も米軍ハウスではなく「外人住宅」。

オリジナル度の高い東京都下の標準的ハウス。玄関までのアプローチ、木製フェンス、芝生庭、屋根付きカーポートが付設してある。

2 文化住宅

　戦後住宅不足の解消策として、都市部に建てられた木造家屋がこの文化住宅だ。こちらはあくまで日本人が住む前提だが、米軍ハウスを参考にした説がある。が、間取りはハウスより少なくサイズも小ぶり。関東では「家作」とも呼ばれることも。玄関にタタキがあったりバストイレが別々であったりするため、FLAT HOUSE 入門者にはこの文化住宅から始めるのがおススメ。

セメント瓦の載った三角屋根、掃き出し窓に縁側、屋根付きバルコニーに小さな庭。全国で見られる典型的な文化住宅。

米軍ハウス同様、文化住宅もこんなふうに集落で建っていることが多い。仲間で借りて住んだら楽しいはず。

3 その他

　前者2種類の他に個人が趣味的に建てた FLAT HOUSE が存在する。有名建築家によるものからハウスメーカーのプレハブまでと、バラエティに富んでいる。建てられた時代も戦後すぐから昭和50年代辺りまでと幅広い。

米国出身の建築家ウィリアム・メレル・ヴォーリズが個人宅用に設計したというめずらしい平屋。ロフトが付いているものの外観は FLAT HOUSE である。昭和28年築。

昭和30年代後半からハウスメーカーによって盛んに造られ始めた工業化住宅＝プレハブ平屋の延長線と思われる70年代中期の FLAT HOUSE。波形の平らな屋根に時代を感じる。

【18年初夏イベントレポート】

《 FLAT HOUSE market 》

　東区西戸崎に残る米兵用住宅＝米軍ハウス4棟（今回は3棟）の庭先で催すフリーマーケット。基地のあった元ベースタウンを散策しつつ、たくさんの人に FLAT HOUSE に触れてもらおうと始めた当企画。初回から1年半も開いてしまった今回は、雨に祟られて途中から室内での販売に切り替えた前回とは一変、朝から爽やかな快晴に恵まれたヤードセール日和となった。

1軒目は工房《Dozen》。オーナー以外にもご近所数世帯が出店して前回より賑やかに。無造作に庭に置かれた旧車やスクールバスがまた気分を盛り立て、今会場の中で一番のユルさを醸していた。この日本離れした光景も当イベントの魅力のひとつ。

出店者の子供たちが広々としたマーケットで大はしゃぎ。彼らにもこの古物をリユースするスピリッツを受け継いでもらいたい。

正方形の庭横にワーゲンキャンパーを押し込んで開設したのは2軒目の《FLAT HOUSE villa》。そこに親不孝通りの居酒屋チームが合流し、最も高密度な会場となった。しかしこんなふうにギッチリとモノが詰まってくるとスワップミート感は本場さながらに高まる。

これぞ当日の目玉商品スターウォーズのリストウォッチ。デススターのケース入り＋箱付きで超破格の500円。こんなモノがこんな価格で出てくるんだからフリーマーケットはやはりすごい。シティ情報編集者S氏がホクホク顔でお買い上げ、インサイダー取引の疑いあり（笑）。

今回のお買い得品その1はこのオールドパイレックスのキャセロール。1970年前後の新品未使用取説付きほぼミント状態。シティ情報愛読者で当コラムファンの女性が格安にてお買い上げ。

自身と同名のガラス店の法被を羽織って怪しげな石を販売するSさん。かと思いきやお宝も結構あってびっくり、筆者もつい散財してしまった。恐るべしS嬢ショップ。

3軒目は《KOGA HOUSE》。オーナーであるK大教授Kご夫妻と、すぐ裏手のハウスに住むOさん、そして町内のレトロマンションに住むSさんの3世帯が合同出店。駅からは一番離れているが、ブースからは海が臨めるリゾート感たっぷりの会場だ。

もう一棟建ててしまえそうな庭で贅沢に店開き。中央付近に鎮座する千本コーヒーの黄色い缶は筆者が購入。こちらも超破格でこちらもインサイダー取引の疑いあり（笑）。

REVIVAL Story

古い平屋は
こうして生まれ変わる

数年前、拙著の取材で知り合った神奈川県大和市のMさんから「近所のとてもいい米軍ハウスが空いたので借りませんか？ すぐ誰かが入らなければ取り壊すそうなんです」という連絡が入った。こちらも引っ越しをしてまだ1年経ったばかりだったため即答はしなかったのだが、とりあえず見に行くことにした。取り壊しの瀬戸際にあったその平屋がどのように生まれ変わったか、時系列で追っていこう。

物件は私鉄線駅から徒歩5分という好立地、ちょうどV字路の股の部分に建つハウスでカーポート付き。ベージュのモルタル壁で塀の類いもなくルックス良し。Mさんは幼少期からこのハウスに憧れていたんだとか。

前住人は半ば倉庫として使用していたらしく、屋内の傷みは外から見るより激しい。市松張りのリビングはめくれ上がり歩くとフカフカした。

コンディションは10段階中5。
手を加える必要はあるものの、このまま解体され建て売り
2棟なんていう事態だけは避けたい。結局誰も住むことはできなかったが、
小田急線／中央林間駅より徒歩5分という好立地と周囲に休める場所がないという状況を見て、
飲食店にすれば当たるはずという確信が湧く。とりあえず有志でシェアする道を選ぶことに。

天井も経年の湿気にやられた様子、ところどころめくれ落ちている。雨漏りでないことを祈った。

間取りは3ベッドルーム（3LDK）。廊下は薄暗く、壁は永年の煤かタバコのヤニか、掛けてあった物の跡がくっきり。

浴室は大抵傷みが激しいのだが、幸い平均的な劣化に留まっていた。しかしシール跡が多い。

実は台所の使用頻度というものは他の部屋に比べ大きく、その分劣化も激しい。ここのキッチンもなかなかのヤレ具合。しかしシンク類は恐らくオリジナル、他もヘタにいじられていないところは◎だった。

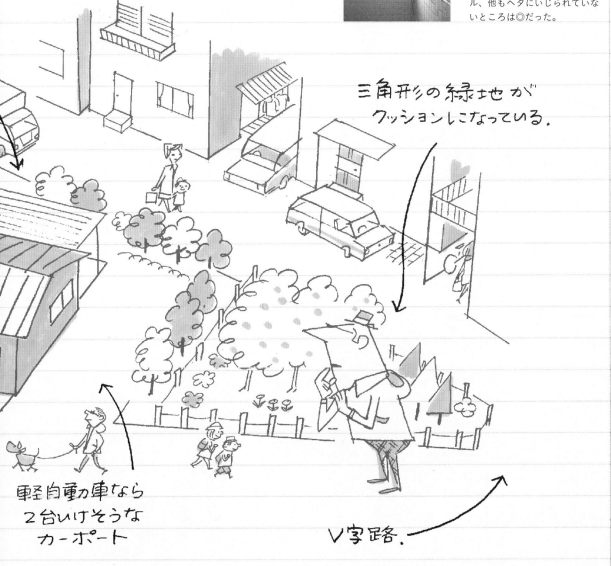

三角形の緑地がクッションになっている。

軽自動車なら2台いけそうなカーポート

V字路。

やはり大勢を巻き込まないとシェアは成立しない。先ずは実行力と古い住宅に興味のある友人らに声をかけ、物件の視察会を敢行。数日後発起人 M さんが主となり、筆者を含めた有志5名で家賃を分担してカフェ&ギャラリーとして使用することに決定。店名は『FLAT HOUSE cafe』。資金も少ないので改修はセルフで行うことに。

築後半世紀そのままだった屋根は、さすがにオーナーも見兼ねて葺き直し。借り手がここまで熱心にセルフリノベをすれば貸し手だって動いてくれる。

先ずは清掃につぐ清掃。そして補修。特にキッチンは在室頻度が高い上、移動も激しいことから汚損・傷みが共に著しい。床板を上げて根太を補修するなど、再生には一番時間を割かれる。

古い平屋の場合、汚れを隠すためヤニ止め効果のある水性つや消し白ペンキで塗りつぶすのが無難。

カフェで出すメニューの研鑽はさかんに行われた。スタッフと関係者で試食会を繰り返し、意見交換と問題抽出をした。

カップ＆ソーサーの選出・調達は手前味噌ながら筆者が担当。

メンバーの愛娘も塗装要員として参加。塗装はし出すとハマる。老若男女ができるリノベのいろは。

清掃のあとは塗装につぐ塗装。剥がれた天井も床もリペアしひたすらペインティング。

翌年の年明け、どうにか開店に漕ぎ付けた。発起人の M さんは、本業をしつつ時間を割いて現場に通い手を動かすという激務の日々だったが、大勢の人々の協力を受けたからこそのオープンであることはいうまでもない。改修にとりかかってから半年の歳月が流れていた。

筆者とイラストレーター仲間の
オリジナルグッズやアンティーク
を販売.

CLOSET

CAFE

SHOP

GALLERY ＆ CAFE

子連れや家族など
多人数が使える個室.

W.C

パントリーはスタッフの
休息室としても.

KITCHEN

CAFE

奥の一室はアンティークと共に筆者と有志のオリジナルグッズを扱うショップに生まれ変わった。

キッチンのシンク廻りはオリジナルを塗装して再利用。オーブン付のスタンド型レンジは米国製。重量は 100kg 近くあり搬入は困難を極めた。

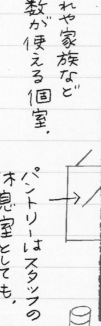

壁を一部分抜いて
カウンターを付設.

白く塗ったことでかなり明るくなったリビングはカフェテリアスペースに生まれ変わった。インテリアは寄付品と私物を補修・再塗装するなどして再利用。「新品は極力買わない」というポリシーが貫かれている。

リビングと隣室の壁を取っ払い一部屋にした。また、キッチンの壁も一部開けてカウンターを設けた。

バルコニーではペット
同伴客がお茶が飲める
ように。

ロゴは拙著とお揃い。パン
フレットはデザイナーであ
るMさんのご主人の作。

壁を抜いて
L字の一室にした。

CAFE

イベントの際は
ここも会場の一部に。

ペット同伴
の際はこちらで。

CAR
PORT

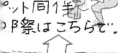

ENTRANCE

外壁も白くリペイントして見違えるようになった。しかし塀の類
いがないと家の印象はかくも良くなるものなのだ。

接客に関しても営業に関しても全員がズブの素人だったが、丁寧につくる
ランチやデザート、コーヒー、そして何よりも米軍ハウスでゆっくりでき
るということが評判を呼び、地域の人気店になるのにそう時間はかからな
かった。そしてあっという間に稀有な憩いの場として認知され、翌年には
市民が選ぶベスト景観賞なる賞を頂戴するに至った。建て替えを考えてい
たオーナーも賞賛、数人のアイデアと踏み出す勇気が古い平屋を救い、周
囲の不特定多数を幸せにしたというわけ。ほとんど手弁当で完成させた
『FLAT HOUSE cafe』は古平屋の再生のお手本的なケースとなった。あな
たの周囲にもこんなふうにできそうな物件があるのでは？

REVIVAL Story

FLAT HOUSE villa ができるまで

福岡県西戸崎にある古い米軍ハウスを筆者自らが借りて改修し、
ゲストハウスとして生まれ変わらせた『FLAT HOUSE villa』。
その完成までの1年間を紹介しよう。

このハウスを見つけたのは、筆者が福岡に引っ越して来た2013年のこと。ポタリングをして発見、どうやら空家のようなその外観からはコンディションは悪いものの、パーツのオリジナル度は高そうに見えた。内覧をすべくオーナーを捜すも叶わなかったが、しばらくして売りに出ていた別のハウスのオーナーが同一人物らしいということが判明し、連絡を取ることに成功。紆余曲折を経て内覧に漕ぎ着けた。

モルタル仕上げの外壁から1960年代に入って建てられた
物件と推測。ヤレ切ったブロック塀が重たい印象。

アイアンの門扉などイイ感じで
はあるが、全体的には満身創痍。
早急なる手当が必要。

玄関ドアはオリジナルの木製。かろうじてだが網戸も生きている。玄関軒の上部分が塩ビの波板とは実にゾンザイな工事。気の毒この上ない。

東側に庭、そして駐車スペースあり。建物は奥＝西側が膨らんだ構造になっている。

なぜか庭にはくつろぐ犬が。（後にオーナーが一時的に預かった一頭と判明）

西側から。よくよく見れば小振りで可愛らしいFLAT HOUSE。元々はスゴくフォトジェニックな平屋だったに違いない。

内覧

　とにかく薄暗い室内はほぼ倉庫と化していた。以前は老人が住んでいたようで全体的に仕様が「和」、砂壁がびっしり張り巡らされている。この状態を見たら大抵の人は引くであろうが、よく観察するとこの家の持つ良さが少しずつ見えてくる。

玄関ドアと左の開口部分はキッチン。中央の冷蔵庫や自転車はオーナーの持ち物。

玄関ドアを開けるとすぐお目見えするリビングルームの床に広がる汚れは、カーペットを定着させていた接着剤の跡。奥には2部屋控えており、手前に開いているアルミドアの中はバスルーム。美しいコンディションで残る腰板が奇跡的。

壁から突き出しためずらしい2口型のガス栓もかなり古いデザイン。腰板と共にポイントが高い。

右手の部屋の舟底天井はなかなかいい。こちらの部屋まで間断なく聚落壁になっているのにはゲンナリ。

雨漏りでシミができたためか塗装の跡が。塗るのなら最後までキチンとやって欲しいもの。

いい味が出ているドアは
オリジナル。めずらしく
錠前が付いている。

積み上げられたオーナーの私物と立てかけられ
た畳、窓ガラスの代わりに打ち付けられた板で
左奥の部屋はかなり暗かった。ハウスにはそぐ
わない四角い和照明が更に気分を落ち込ませる。

市松模様のリノリウム床はキッチン。踏むと
すでにところどころフカフカする。台所の床
は補修を施さねばならない箇所ベスト3にラ
ンクインする部分なので致し方なし。

木製キャビネットが残っていた。ガラス
もモールガラス。高ポイント。そんな
良さも前住人にはおそらく判らなかっ
たことだろう。

洗面シンクは比較的新しそうだが汚
れがヒドい。心情的には残したい鏡
も要交換な雰囲気。照明は古くて良
いのだが蛍光灯なのが惜しい。

床、トイレのポッド、バスタブ……どれ
をとっても古いバスルームはなかんずく
オリジナル度高し！　しかし汚い〜。

いざ改修！

内覧を終え、ここを不特定多数の人々が滞在できる施設にしようと決意。大らかで理解あるオーナーからも了解を得て契約も完了。リノベートは猛暑まっただ中の8月初日から始まった。

仲間と協議の末、気温が上がる前の早朝2時間を充てようということに。まずはあの忌々しい聚落壁の剥離からスタート。長い改修の道程の火ぶたが切られた。

古い物件全般にいえることだが、これらのセルフリノベーションとは撤去につぐ撤去、そして清掃につぐ清掃である。とにかく初期は日々この繰り返しに尽きる。

流し台をどけたらすでにフロアに穴がぽっかり、どうやらここから水道漏れがあった様子。壁面も野地板がむき出しになったまま。これには余計な仕事のニオイが。

被い尽くされた聚落壁＝砂壁は、剥がし終えたあとも山となって居座り、粉が耳の穴に入るなど当分ワレワレを苦しめた。

寒くならないうちに、の浴室大洗浄。字が書けてしまうほどの汚れの落差から、数年空き家になっていたとはいえその前住人も相当清掃をサボっていたキライあり。

リビングのフロアにはカーペットを留めていた接着剤の跡。汚れを抱き込んで描く軌跡を金属ピーラーでシコシコと1日なぞる。

補修と塗装

壁材を剥がすとモルタル壁が出現、そしてその上を走る大量のクラック（亀裂）。これを隠すための砂壁だったのかとタメイキを出しつつ、コーキングガンで丁寧に変成シリコーンを流し込む。根本治療にはならないが再塗装するにはやらねばならない仕事。

キッチンユニット側の破壊された側壁は、石膏ボードを切り貼りして上からモルタルを塗り込む。

外壁塗装は、西戸崎のアンティークショップ『Marinford』のオーナー T 氏が担当。オリジナル T シャツの新デザインを請け負うことで「労働交換」が成立したが、目を見張るスピードとクオリティにさすが本職！と一同瞠目。

船底状になっている 6 畳間の天井の塗装は面が複雑な上、雨漏り跡が何度塗っても浮き上がって来てしまうことからかなりの時間と手間を要した。

フロアにはオイルステインを再塗装することに。1 回では渇き切った木材があっさりと塗料を吸い込んでしまい、計 3 回の重ね塗りを要した。

塗装前に市販の R 社製高圧洗浄機で汚れを落とそうとするもパワー不足。この後 T 氏が業務用を出動させてくれて一件落着。

キッチンの塗装中に『シティ情報 Fukuoka』編集長が打ち合わせに訪れたため急遽お手伝いいただくことに。塗っているうちにどんどん楽しくなってしまう「ペインターズハイ」に陥る K 編集長（笑）。

家具のカスタマイズや製作が本業のH氏が腐食で崩れた木製窓を
作成。工房で作った枠の仕上げと塗装は庭で行った。

各室のベッドもマットレスの幅に合わせて製作。外は真冬の冷風
が吹く時節、塗装は一台ずつリビングで行った。

その他の損失した建具もH氏が製作。
ハウスのお勝手口お約束の網戸も。

ハウスに似つかわしくない和風蛍光灯は改修開始時真っ先に
撤去。アメリカのオークションサイトで落札したビンテージ
の照明に交換。インテリアは建物と年代を合わせることが古
家再生のコツ。

砂壁に被われ、油と土ぼこりにまみれていた台所も清潔で明るい往年のハウスのキッチンに再生した。

あの真っ暗だった2部屋がご覧のとおりに。風通しもよく、夕方には西陽がオレンジ色に染め上げるなど、ジツに表情豊かな部屋だったことが判明。

現在はボロ家でも元々は魅力的だった古家は少なくない。その多くは老朽化などでなく、それまでの仕人がいかにザツに暮らしていたかが問題だったりする。貸家だからとろくろく掃除をしなかったり、簡単なメンテナンスを怠る店子が住んでいた家は本当に気の毒に思う。しかし時間と愛情をかけてやれば古家の再生はさほど難しいことではない。必ずや心に豊かさや満足感を与えてくれる。あなたも身近にある空き家でぜひお試しを。

FLAT HOUSE villa は民泊を仲介する web サイト『Air bnb』よりご利用が可能です。

D.I.Y *Do It yourself painting*
text & illustration
by arata coolhand

は から！

この20年で4棟の古平屋に住み、現在も都下と九州それぞれに FLAT HOU-SE を借りている筆者は、床張りから雨漏りの補修、ロフトの製作までとひと通りやって来た。自分もやってみたいのだが〜という人にはいつも「塗装から始めるといい」とアドバイスしている。道具・材料も揃えやすい上、達成感も比較的早い段階で得られ、更に楽しい。D.I.Yのいろはの "い" でもあるペンキ塗りにまずはトライしてみよう！

【準 備】 *preparation*

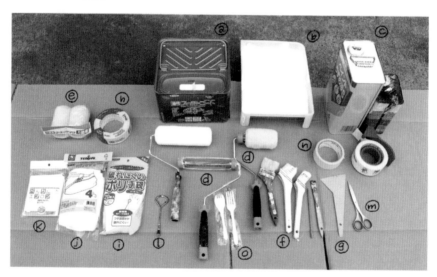

ⓐ塗料…水性と油性の2種類がある。扱い易さは前者だが後々上塗りしたい場合は後者が向いている。ⓑ パレット…リフィルを交換できるバスケットタイプもある。ⓒ うすめ液…油性の場合のみ必要 ⓓ ローラーハンドル…巾の広いものと狭いものを用意したい。ⓔ ローラー刷毛 ⓕ 刷毛…細かな部分を塗るのに使う。ⓖ スクレーパー…古い塗装を剥がすのに使う。ⓗ マスキングテープ ⓘ ビニール手袋 ⓙ シューカバー…革化の上から履き汚れを防ぐ ⓚ 使い捨てエプロン ⓛ 缶オープナー…ペンキ缶のフタは案外しっかりはまっているのであると重宝する。ⓜ ハサミ ⓝ クラフトテープ ⓞ プラスチックスプーン…塗料をかく拌するのに使う。
※ その他 ボロ布・古新聞をたくさん！

【手 順】 2 process.

やり方は人それぞれなので、必ずこの手順でなくてはというものは基本ないのだが、ざっくりと"流れ"はある。作業は可能な限り晴天日、そして午前中から始めるのがベター。上手く仕上げることは大切だが初めは先ず"楽しむ"ことを念頭に置こう。素人のペイントはそれが完成度に強く反映あるからだ。先ずはエンジョイしよう！

① ボロ布で表面を拭いたりスクレーパーで古い塗装をこそげ落としたりして表面をキレイにある。材質によってはサンドペーパーで処理ある場合もアリ。

② 古新聞やシート付きマスキングテープを使って窓やドアノブ、床、コンセントなどを丁寧に覆う。ジツはこの作業がキモなので抜かりなくしっかりやろう。

③ 塗料缶はよく振って開閉栓。

④ パレット

に移したら水・うすめ液で調整ある。気候や天候変わって来るので調子を見ながらゆっくり希釈しよう。

粘度によって

⑤ ローラーに塗料をなじませたら塗装面というキャンバスにゆっくり走らせてみよう。その時塗料が付け過ぎか少な過ぎかが判るだろう。

急ぐことは禁物。仕上がりが雑雑になるばかりか塗料が散ったりこぼれたりとイイ事なし。細かな所まで丁寧にゆっくりとそして楽しんで。

⑥ 塗り始めるとつい時間を忘れてしまいがち。一度にやっつけようとせず時間を決めて。後片付けの時間も計算に入れておこう。

⑦ 休憩は必ず取ること。終了後仕事を見ながらの「自己反省会」の一服も楽しい時間。お疲れさま！

暮らしに古物を！
Patina In my Life
VOL.01

【ビンテージライト】

多種多様の品々が溢れる世の中で、こと照明器具となると案外選択肢がないものだという印象をお持ちではなかろうか。結局は安価なインテリア量販店に行って無難なものを買って帰るというのが常ではないかと。しかし、アンティークショップやお手頃価格のものを扱う古物店、海外ネットオークションなどをよくよく観察してみれば、その昔は結構いろんな種類の照明が売られていたことがわかる。特に 60 〜 80 年代欧米製のものはデザイン・質感共に素晴らしいものが多い。ここで紹介するのは、筆者がフリーマーケットやネットオークションなどを駆使してお金をかけずに集めたパティナ（経年変化の味わいや楽しみ）なモノばかり。それではタイプ別に見てゆこう。

TABLE LIGHT テーブルライト

購入が一番簡単なのがこれ。コンセントを繋ぐだけで設置でき、テーブルやデスクの上にちょこっと置くだけでぐっと雰囲気が変わる。「どうせ高いんだろう」と思われがちだがさに非ず。アンティークショップやネットオークション《e-bay》を利用すればビンテージのものがリーズナブルに入手できる。

「年齢」を揃えてやると他国製のインテリアともしっくり来る。

1960 年代 USA 製のテーブルライトは当時のスペースエイジを反映したデザイン。このあたりからシェードにプラスティックを採用したものがしばしば見られるようになる。点灯させるとシェード全体に光が灯る。ベースもアルミ製で材質もスペーシー。東京福生市のアンティークインテリア店で 7000 円ほどで購入。

REVIVAL
journal

ベルト状のシェードにピンストライプが描かれたフィフティーズ調のライトは狭い日本の家に置いてもちょうど良いサイズ。大きいものはアンティーク店などでよく見るが、この大きさはあまり見ない。e-bay で 8000 円ほどで落札。

ベッドサイドに置いてナイトランプに。

アール・デコ調のデスクライトはバンカーズライトと呼ばれる銀行の窓口職員用の照明。6 型の短い蛍光灯を取り付けて使う小ぶりサイズで、やはり狭い日本の家でも使いやすい。材質は金属製で、今ではあまり見られない濃茶のざらっとした塗装が施されている。e-bay で 6000 円ほどで落札。

2 本のネックに付いているネジを緩めれば高さ調整が可能。

WALL LIGHT ウォールライト

　読んで字のごとくウォール＝壁に取り付ける照明器具。あまり聞き慣れないかもしれないが、欧州ではとてもポピュラー。壁に当てて間接照明にしたり絵画や写真に当てて楽しんだりする。上手に使うことで部屋の雰囲気を一変させることができるとても有効な照明器具だ。「SCONCE」とも呼ばれる。

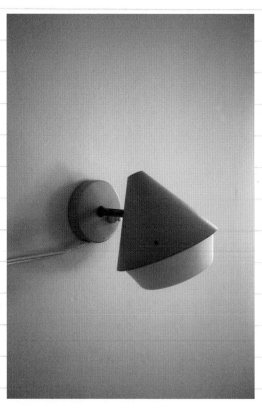

小人の帽子のような可愛いフォルムのウォールライトはスウェーデン製。ボディは金属製、シェード部分は乳白ガラス。ベースに付いているボタン型スイッチで点消させる。ネックを調整することで間接照明だけでなく読書灯としても使用可能。

70年代のものと思しきウォールライトは「和」の影響を強く感じるデザイン。こちらもスウェーデン製。海外のコレクターから何種類もまとめ買いすることで安価購入した。筒状シェードの上下の開口部から漏れる灯りが壁に趣のある陰影を映し出す。

スイッチはネックの内側に内蔵されているという凝った造り。電球は17Eという小さなサイズだがネットで購入可能。

まるで提灯を半切りにしたようなフォルムの、こちらも「和」テイストなデザインのウォールライト。シェードは乳白色のプラスティック。スウェーデン製。

通路の突き当たりに取り付けるととても情緒的。その下に絵でも飾れば廊下がミニギャラリーに。

オーバル（楕円形）の筒状フォルムがミッドセンチュリーモダンなウォールライトはアメリカ製。じつはこのライトは2体セットになっていて、シンメトリに取り付けるとまた雰囲気がぐっと上がる。e-bay で 8000 円ほど。

スイッチはロータリースイッチで本体上部に付いている。天井にはスリットが開いており、ここから漏れる灯りが壁に映る仕組み。

部屋の灯りをこれだけにするとまた趣が出る。筆者は真下に作品を飾り就寝中の常夜灯として使用している。

FLOOR LIGHT フロアライト

　フロアランプとも呼ばれるフロアライトは、リビングや応接間に立てるもよし、ベッドルーム、書斎に立てるもよしの照明器具オールラウンドプレーヤー。ビンテージにはタイプもさまざまあるので、何本かを使い分ければまた楽しめる。

支柱の中央にチークのグリップが付いており、その上のリングをひねると高さ調整できる。こんなにたくさんの素材を採用する工業製品は現在ではあり得ない。

一見、布製に見えるシェードはプラスチック素材。拭くことは元より外せば洗うこともできそう。

山型のシェードが落ち着いた雰囲気を醸す60年代デンマーク製フロアライト。華奢な3本脚ながらバランスが良く、どの部屋にもマッチするので重宝している。都下の輸入ビンテージインテリア店で20000円ほど。

この一本だけでも充分夜間が過ごせる。むしろこの程度の明るさにすることで窓から入る月明かりを感じ取れたりも。

下を向けて照らすのが標準仕様だが、くるりと上に向かせれば間接照明としても使用できる。こんなややこしい造りは現在の工業製品では企画の段階でまず採用されないだろう。

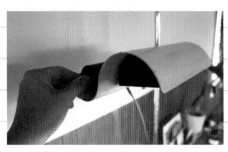

独特なフォルムのフロアライトはヴィコ・マジストレッティのデザイン。ライト本体横のツマミを緩めると昇降させることができる。15年ほど前にビンテージインテリア店で運良く18000円で購入。正価で買えばおそらく10倍はするだろう。

CEILING LIGHT シーリングライト

後半に紹介するのが少々不自然なほど、最もポピュラーな照明器具。天井に取り付けて明るくする部屋のスタンダードライトだ。

本体横にスリットが入っていて、点灯すると放射線状の模様が浮かぶ。そしてガラス部分にはスターバーストのパターンが描かれており昼夜眼を楽しませてくれる。国内のシーリングライトとなるとどうしてもリング状蛍光灯のドーム型ライトばかりが眼につくが、アメリカの古い物にはこんな素敵なデザインのシーリングライトが存在する。

アールが付いた四角形のミルクガラスのシーリングライトはイギリス製。e-bay で 10000 円ほどで落札。

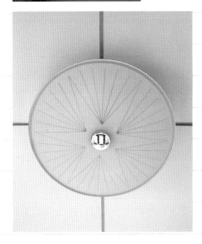

壁面付けにして玄関灯として使用。英国製のライトが米軍ハウスの木造玄関ポーチにぴったりとマッチしたというのはまた面白い結果だった。国は違えど時代を揃えるとしっくり来る、という好例。

現在市場に出回っている製品の多くはコスト重視で作られたものがほとんど。しかし人々をデザインや質感で喜ばせるモノ作りが王道だった時代というのが確かに存在していたと、これらの照明器具を見るとそれを窺い知ることができる。そして、その時代はほんの一瞬で終わってしまったのだということも。それらの残り香はまだギリギリ味わうことができる。間に合ううちに体験してみてはどうだろう。

REVIVAL Story

古家の上手な使い方・住まい方

<O邸>

古家はFLAT HOUSEばかりではない。
ここでは、古い2階家と昭和の集合住宅を上手く使う
Oさんのお宅と仕事場をご紹介しよう。

Oさんの職業はオリジナル服の制作販売。セレクトショップでの販売のほか、作品を持って各地を周りギャラリーやお寺など魅力を感じた空間で個展のようなイベントスタイルの受注会を催し、そこでオーダーを取り福岡に戻って制作するという販売方法をとっている。そんなOさんの自宅とアトリエは、共に九大キャンパスや筥崎宮のある歴史香る箱崎にある。まず今回は築100年以上だという自宅から見てみよう。

LiViNG ROOM

玄関を上がるといきなりどーんと抜けた空間に放り出される。1階は廊下を挟んだ2間をつなげて使っているためこのヴィジュアルが実現した。こういう思い切った使い方ができるのもまた古家の魅力だったりする。

廊下はオリジナル。都市部の民家に100年間横たわる廊下があるというのも稀だろう。

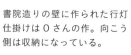

書院造りの壁に作られた行灯仕掛けはOさんの作。向こう側は収納になっている。

BATH ROOM

タイルとモルタルで構成された浴室は昭和30年代以降に増築された感がある。個人的にはここを見ると年代を感じ取れる。

浴室照明も行灯スタイル。入居前からあったというからオドロキ。なんとも遊び心があるではないか。

GARDEN

廊下外側にある中庭にはなんと小さなお宮が。

W.C.

ご不浄は現在のものに交換されていて清潔。刷新されても唯一許される場所。

KITCHEN

片付け具合がとても気持ちイイ。古い物を磨き上げて使う気持ち良さをよく知っている。

廊下突き当たりにある台所はちょうど玄関の隣側に位置する。広さは8畳ほどで細長く、ダイニングテーブルも置ける広さ。ここと浴室を含む水廻り部分は近年付け足されたようだ。

高さ30cmほどの小さなシェルフ。こういうものがぽつんと付けられたりするのを見られるのが古家ならでは。また使い手の暮らしへの意識の高さも判る。

居間へと繋がる廊下には造り付けの水屋が。収納はたくさんあるから良いというわけではない。デザインや材質も重要だ。右側ガラスの隣は菱形行灯の部屋。

ATELIER

木版画家であるパートナーNさんの仕事部屋は10畳ほどはあるだろうか。明る過ぎず暗過ぎずで、長時間いても居心地は良さそう。正面に鎮座まします るは版画のプレス機。

奥から入り口〜階段方面を臨んだ景色。ここを見たとたん小学生の頃通っていた絵画教室のことが思い出された。

壁のシェルフとライトは造り付け。テイストが違うにもかかわらずデスクとケンカしていないのがスゴい。窓際部分だけ天井に段差があるのはどうやら作為的な意匠のようだ。

REST ROOM

寝室の代わりにOさんが見せてくれたのがこの休憩室なる部屋。日当りが良いため冬季でも暖かいらしく、秋冬にはここの在室時間が長くなるのだという。なんとも微笑ましい。

UPSTAIRS

階段を上がると2坪ほどの踊り場的空間があり、そこを経て各部屋に行くようになっている。収納までありとても有用だが、省くことが主眼の現代住宅では先ず設けられないスペースだろう。

befor movement

職業柄広さを必要とすることからここを見つけたOさんは、当然古家であることも条件にあった。しかしそうなると覚悟しなくてはならないのは改修と清掃だ。元々はいったいどのような家だったのか。入居前の姿を見てみよう。

玄関からのスナップ。筆者世代から見ても「昭和の古民家」という印象以外の何ものでもない佇まい。

ここから現在のような使い方を連想できるのはOさんがこれまでそういう物件を少なからず見たりして来たということであり、如いては"住"への意識が高くあったからにほかならない。そこが大事。

台所のCF（クッションフロア）床の清掃前と清掃後。相当エネルギーを費やしたという。張り替えるのが最も手っ取り早い手段だが、清掃を選んだOさんたちは凄い。

キッチンは相当な汚れ具合だったそう。前住人の住まい方がここでよく判るという「古家あるある」だ。

畳を上げ根太を作り直す行程で姿を現したのは「掘りごたつ」の跡。こういうハプニングから一気に家がドラマを語り出す。

2F

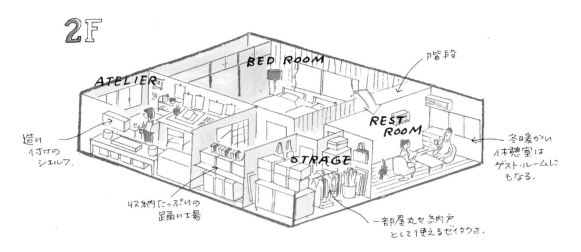

ATELIER

BED ROOM

階段

REST ROOM

STRAGE

造り付けの
シエルフ.

収納たっぷりの
踊り場

一部屋丸々納戸
として使えるゼイタクさ.

冬暖かい
休憩室は
ゲスト・ルームに
もなる.

1F

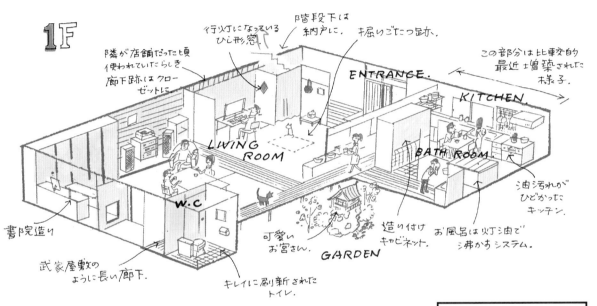

行灯になっている
ひし形窓.

階段下は
納戸に.

掘りごたつ跡.

この部分は比較的
最近 増築された
様子.

隣が店舗だった頃
使われていたらしき
廊下跡はクローゼットに.

ENTRANCE.

KITCHEN

LIVING ROOM

BATH ROOM.

油汚れが
ひどかった
キッチン.

書院造り

W.C

可愛い
お宮さん.

造り付け
キャビネット.

お風呂は灯油で
沸かすシステム.

武家屋敷の
ように長い廊下.

キレイに刷新された
トイレ.

GARDEN

《物件データ》
・築年数：100年以上
・住人構成：2人＋猫2匹
・間取り：5LDK
・賃料：

🏠 ：6万円以下
🏠🏠 ：6.1～8万円以下
🏠🏠🏠 ：8.1～10万円以下
🏠🏠🏠🏠 ：10.1～15万円以下

入居前こそ前住人の「負の遺産」の撤去・清掃という膨大な作業に追われたOさんらだが、数年経った現在はこんなに住み良い家はないと実感しながら日々を送っている。すぐに住める新築戸建てやマンションであれば前者の苦心はなかっただろう。しかし、ここまでの味わいや愛おしさを堪能できただろうか。今Oさんらが日々抱く「暮らしの実感」は、しっかりと家と対峙したからこそ味わうことのできる蜜である。あなたもこれを味わいたいのであれば至極カンタン、福岡には山のような空き古家が控えているのだから。さて、次ページからはいよいよOさんのアトリエをご紹介！

REVIVAL Story

古い集合住宅の上手な使い方・住まい方

＜O邸＞

前項に引き続きOさんの物件、今回は彼のアトリエをご紹介。
こちらは住居よりは新しいとはいえ、築年数約50年の集合住宅。
その上、浴室なしということもあって賃料は格安。そこを完全にセルフで改修し
ジャストフィットした仕事場にコンバートして使用している。
こちらも大いに参考になりそう。

先述したように、Oさんはオリジナル服の制作販売を生業としており、作品を持って各地を廻ってオーダーを取り、福岡に戻って自ら縫うという販売スタイルをとっている。

制作に入るとわっと拡がった材料に部屋を占領されてしまうという。そのため当初一室だけだったところを、隣室も借りてぶち抜き連室にして拡大。それを承諾した不動産屋・オーナーもスゴいが、その工事をほぼ独りでやってのけたというOさんにも敬服する。

Oさんが最初に借りた方の部屋：A室に入室しての景色。撮影者が立つ部屋が4畳半ほどのキッチンで、向こう側が8畳ほどのIDK。かなり小ぶりな賃貸だが、畳を上げ間仕切りを取っ払い床板を敷くとすっかり使い易そうなアトリエに変身した。

奥室からキッチン側を臨む。写真右手が追加で借りてぶち抜いた隣室：B室で、かすかに覗く開口部は押し入れだった部分。床は杉の足場板を敷設した。

作業テーブルは貰った卓球台にデコラ板を張ったもの。大きさ高さ共、非常に使いやすいそう。Oさんには「費用対効果」や「コストパフォーマンス」といった小賢しき経済用語は不要。

A室から押し入れ跡を経由してB室を臨む。押し入れの中板はミシン机になった。どちらの部屋も清々している。

A室にある2つの穴はエアコンのダクト跡。撤去しきれないものは無理せず残すも、違和感はナシ。

ワイヤーネットを巻いて作ったというトルソーが秀逸。このまま商品化できそう。

つなげたB室との通路部分は"覚え書きコーナー"に。黒板は、押し入れを抜いた際に開いてしまった大穴を補填した板に黒板塗料を塗ったもの。臨機応変！

使用しないＡ室のキッチンは思いっきり遊びのコーナーにコンバート。
音を鳴らす箇所を別枠で確保するＯさんの感覚は、その由来が音楽にあ
る証拠。大いに共感する部分。

味わい深い木製スツールも廃棄物の
サルベージ品。こんなものが捨てて
あるという街がジツに羨ましい。

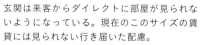

玄関は来客からダイレクトに部屋が見られな
いようになっている。現在のこのサイズの賃
貸には見られない行き届いた配慮。

A室のワゴンも打ち捨てられていたものを拾った一品。わざと錆を見せる「シャビーシック」が流行だが、彼の部屋にあるものは「マジもの」だ。

番号が振られたバケツも救出品。1〜3は誰が持っているのだろう。

B室を見ていて思うのは、確かにA室だけではさぞスペースが足りなかったろうということ。2部屋を開通させたときの喜びが、同じく自宅で働く者として手に取るようにわかる。

こんなキレイな定規の中にも拾ったものが含まれている。

B室からの借景。隣家にはこまめに植栽をいじってキレイにしている老人が住んでいて、その様子を眺めるのがOさんの息抜きなのだという。

旧物件だけあってトイレはスクワット式。改修などはしていないが清潔さは保たれている。

細かに整理されたミシン机上の小物。彼の作品の繊細さの由縁が窺い知れる。

この四角い窓は？？と思って中から確認したらキッチンの換気扇。現在のものの半分以下のサイズと可愛気たっぷり。

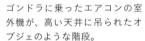

ゴンドラに乗ったエアコンの室外機が、高い天井に吊られたオブジェのような階段。

玄関を出ると九大校舎がお目見え。この景色が時々外国にいるような錯覚に陥らせてくれ楽しいと O さん。確かにこんな風景はなかなか他の土地では出会えない。

階下の廊下にはめ込まれたホローブロックが、ジオメトリックな陰影を作る。なぜか故・成田亨氏によるウルトラセブンのアートワークを連想。

窓が欠け全身が錆びついた分電盤。どうして古い住宅はこういちいちアーティスティックなのか。

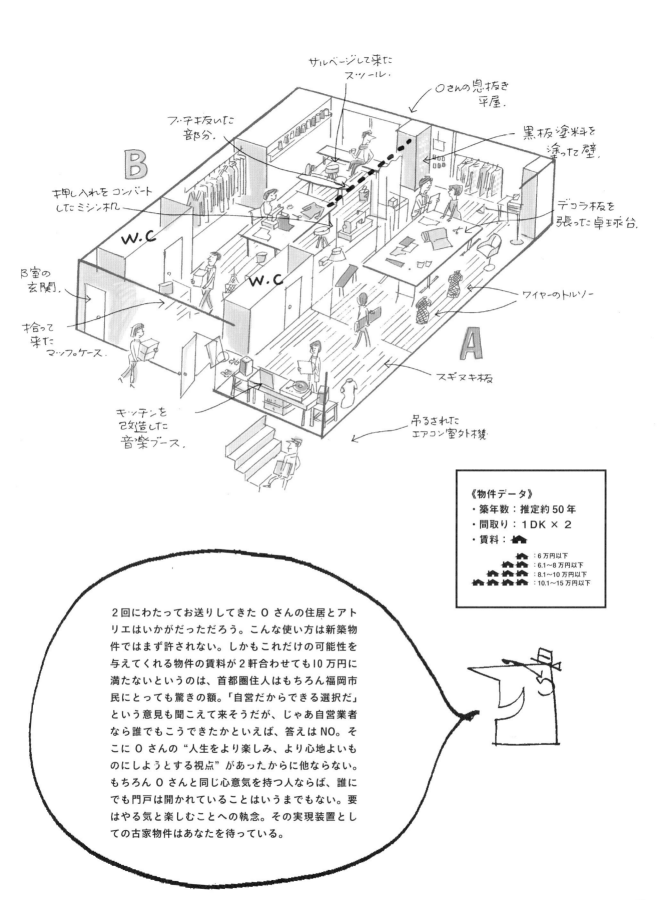

サルベージして来た
スツール.

Oさんの息抜き
平屋.

フチ抜いた
部分.

黒板塗料を
塗った壁.

B

押し入れをコンバート
したミシン机

デコラ板を
張った卓球台.

W.C

W.C

B室の
玄関.

拾って
来た
マップケース.

ワイヤーのトルソー

A

キッチンを
改造した
音楽ブース.

スギヌキ板

吊るされた
エアコン室外機.

《物件データ》
・築年数：推定約50年
・間取り：1DK × 2
・賃料：🏠

🏠　　　　　　　：6万円以下
🏠🏠　　　　　　：6.1〜8万円以下
🏠🏠🏠　　　　：8.1〜10万円以下
🏠🏠🏠🏠　　：10.1〜15万円以下

2回にわたってお送りしてきたOさんの住居とアトリエはいかがだっただろう。こんな使い方は新築物件ではまず許されない。しかもこれだけの可能性を与えてくれる物件の賃料が2軒合わせても10万円に満たないというのは、首都圏住人はもちろん福岡市民にとっても驚きの額。「自営だからできる選択だ」という意見も聞こえて来そうだが、じゃあ自営業者なら誰でもこうできたかといえば、答えはNO。そこにOさんの"人生をより楽しみ、より心地よいものにしようとする視点"があったからに他ならない。もちろんOさんと同じ心意気を持つ人ならば、誰にでも門戸は開かれていることはいうまでもない。要はやる気と楽しむことへの執念。その実現装置としての古家物件はあなたを待っている。

COLUMN

日本街並再考 ①

　みなさんは海外旅行へ出かける時、何を目的にしているだろう。美味しい料理や買い物を楽しむため、手つかずの自然に触れるため、憧れの観光地に立つため……。多々あると思うが、「美しい街並の中に埋没したい」という漠然とした願望はないだろうか。

　僕は海外へ出るうちに、その欲求に突き動かされていることに気付いた。日常を抜け出し、昔映画で観たような街をうろつき、ただ呼吸をする快感。自分は毎度それをしに行くのだ、と。特に欧州はどこに行ってもそういった街並が整然とあり、ただ滞在す

るだけでその目的を達成することができる。

　僕たちはそれらの街の共通点に気付く。どこもみな一様に「古い」ということだ。優に１世紀以上を経た建物を、木造石造かかわらず大切に使い込んでいる。そしてしばらくいるうちに、その古さが心地

よさを提供してくれているということにも気付く。西洋だから良いということではなく、東南アジアの古都でも同様の居心地の良さを感じることができる。時間を経ても尚あるものは、一様に訪れる者に対して優しく接して来て、何か語りかけても来る。

　帰国すると今度は、自分たちがいかに最近造られたものばかりに囲まれているかに気付く。ただただピカピカとし、均一。新しく高いというだけのマンション、無彩色の路面、空を分割するように張り巡らされた電線、打文字看板や液晶広告、穴の開いたブロック塀……何処をとっても海外から戻った眼で見ると「美しさ」を見つけることができない。「ある」というだけで心の何にも語りかけて来ない風景。まるで欧州の街並を正反対に具現化させたようにさえ思える。その中を私たちは無表情で往来する。住む

というよりただ"利用"しているに過ぎない。冷蔵庫のドアのように便宜上あるだけという「モノ」のような場所に僕たちは居る。

　なぜこんなことになってしまったのだろうか。そこには住む側の「新しく造られるものへの不用意な容認」がある。駅から近くて買い物しやすい場所を「便利」と形容し、「便利」のためなら家自体の善し悪し、街の味気なさには鈍感になれる。それが、あの画一的な高層マンション群を許してしまう結果となっている。駅前には同じ顔ぶれの企業店舗が居並び、住宅地にはプラスティカルな2階家がドミノ倒しのドミノの如く建ち並ぶ。それらは売る売れないに関係なく建設会社やハウスメーカーの存続のために建て続けられる。今や景観の善し悪しとそれが人に及ぼす作用なんていう心配はどこかに行ってしまった。駅とコンビニにさえ近ければ住む側も文句を言わないと思われているし、現にそうだからだろう。

　海外に行けば古い街並をステキと思える感性はあるのに、自国に戻ると急にそれが眠ってしまう。この矛盾と個人個人がきちんと向き合わないと、私たちはただの高層建築物の谷間に棲む微生物のようになってしまう日が来るだろう。都心部がすでにそうなってしまっているように。

COLUMN

だれが街の景色を変えているのか

この「どこも似たような風景」は、そこに暮らす人々のためを思いやる誰かによって作られたものなどではなく、大企業が「利益」「コスト」という大命題のもとに開発し、たまたまそうなった景色に過ぎない。海外の街並や、外国人がこぞって絶賛した石州瓦（せきしゅうかわら）の街並のような「美しい統一」とは根本的に違い、経済セオリー最優先で進めた結果なのである。

僕が古い平屋に魅力を感じ本まで執筆したのは、現在の新築住宅や街並にほとほと嫌気がさしたことも大きい。ほとんどの都市部に住む日本人、特に首都圏で生活する人々は今や自分の住む街の風景に何も期待していないし、愛着心などさらさら持っていないように見え、大いなる危機感を感じたのだ。

ブログなどでは有名な福岡県東区の米軍ハウス。それまで業者による草むしりが定期的に行われていたが、すでに解体されてしまっている。またここに工場で作った材料で造られる家が建つのだろうか。

その点、福岡はまだ安心して暮らせる。人々が自分たちの住む古い街並にとても愛着を持っているし、景色が変わることに責任と違和感をキチンと持っているように見えるからだ。なので、東京で進められるような「誰かの利益のための街並破壊」を軽々に

容認してはならない。まだまだ健全な街のあり方が残っているからこそ、本州の人々も福岡県や他6県に対して畏敬と憧憬の念を抱いているのだ。九州は首都圏の「再開発型」を目指してはいけない。

それでも近年、ここ福岡でも古い住宅の解体速度が加速し出しているように見える。使用していない空き家に対しても高く課税する法改正がなされたことが大きいが、それに伴って建物の老朽化を理由に、大手デベロッパーがオーナーに対して建て替えて増収を持ちかけるケースも増えている。相続問題まで持ち出され、つい乗ってしまう年配オーナーも少なくない。

3棟並んだジツに良い感じの平屋もすでに取り壊された。2階建ての集合住宅が建てそうだが、ハウスメーカーが具体的な金銭を明記した建て替え提案を持って来た模様。これを残して民泊や店舗などに使えば多額の投資をせずに廻せたと思う。何より、家屋としてまだまだ使用できるコンディションだ。

そのあとには大抵こんな家々が建ち並ぶ。そして購入者はこれを買うにあたり30年ものローンを組んでしまう。この景色が子供たちの「故郷の風景」となると思うと、寂しくならないか。

以前、平屋の解体現場で職人さんからこんなコメントを聞いた。「この家は昔の大工がしっかり建てているから本当はまだまだ住める。特に平屋はちょっとやそっとの地震じゃ壊れないよ。今の家よりむしろ頑丈だ」。「やはり」と思った。もちろん現在の耐震基準は満たしていないだろうが、彼らからすればそれよりも木造は大工の腕の方に信頼を置くということなのだろう。確かに先の震災では新築の2階建て住宅も崩壊し、逆に古い平屋の方が立っていたりもする。現に僕の住む東区の米軍ハウスも築40年以上経っている平屋だが、10年前の西方沖地震でびくともしなかった。職人の技術が高かった昭和の平屋の方が、新建材を使った今の家よりずっと耐震性も高いのだという説もなにかで読んだことがある。それを古い物件すべてを「老朽化」と十把一絡げにし、取り壊すよう促すことには違和感を強く感じる。

COLUMN

どうすれば古い街並を残せるか

　特定のケースを除いて、古い住宅、特に平屋が壊されるとき近隣の人々は大抵がっかりする。「通るたびに癒されていた」「子供の頃から憧れの眼差しで見ていた」「雪の日の夜がキレイで楽しみだった」など異口同音にご近所から寂寥（せきりょう）の言葉が寄せられる。もし残したいのであればキチンと誰かが「住んで」やること。そしてオーナーも面倒がらずにキレイに住んでくれる借り手を探すこと。借り手は億劫がらずにオーナー宅のドアをノックすることだ。これはお互いやってみると案外スムーズに成立する。経験上、福岡では首都圏よりも短時間で話がまとまるように思う。

　またオーナーは、賃貸アパートやマンションに建て替えませんかと業者が来ても取合わない方が賢明。建物を新しくしてしまうと急に土俵が拡がってライバルが増え、思ったようには埋まらないケースが多い。人口が減っている今は明らかに供給過多なのだ。3年も経てば中古賃貸となり、もっと新しい物件に客は流れて行ってしまう。最近では「その場合も家賃収入を補償します」というお得に聴こえる条件を提示して来る業者もいるが、実は変動相場制であって補償利率がその時々で変わるというもの。契約書の小さな文字を見逃してしまい、結局家賃の2割しか補償されずに泣く大家の例を報道番組でも観たことがある。

　つまりは、古い建物のまま保有しておくのが一番なのだ。それに愛情を持ってキレイに住んでくれる人を探すことが結局オーナーも無駄金を使わずに良い結果を呼ぶこととなるのである。今後古い平屋はもっと評価が高くなるだろう。新建材で建て直した住居には、どう逆立ちしても古平屋の「経年の美しさ」を醸し出すことはできないのである。現に僕の知る築50年の平屋集落の物件は常に空き待ち状態だし、福岡の現居も入居の際には希望者が殺到した。それをわざわざ金を払って壊すことは、環境や景観を云々する前に愚の骨頂なのだ。何でも新品がいいという時代は終わり、住宅にもパラダイムシフトが起きている。

古家を壊さないメリット

古家を残すことにデメリットを感じるからこそオーナーは解体を考えるのだろうが、角度を変えて見ればメリットの方が多い。取り壊しを考えているオーナーに会うと、いつも以下の6点を提案している。

❶税が軽減されます

後継者に持ち家がなければ家の相続税は大幅に軽減されるのをご存知ですか?"住む"前提で残せば、税金対策のために新築を建てたりするような必要はありません。

❷節約になります

取り壊さなければ解体費用もかかりません。また減税のためにとムリに借金し、アパートなどに建て替えてリスクを負うことも不要です。

❸価値が上がっています

住宅が余る昨今、逆に人気が上がっているのが古い木造平屋。古い=汚いという評価は「温かみ」「味わい」に変わって来ており、借り手も増えています。逆に最近の建物は人気が下がる傾向です。

❹地域に貢献します

古い建物にキチンと手が入れられ使われている風景は、街の好感度を高めます。また、空をさえぎらない平屋は風通しも良くする上、景観維持にも一役買っています。

❺産廃を出しません

わが国の産業廃棄物の8割は取り壊した建築材だといいます。それを処理する場所はパンク状態。壊さずに使えばゴミも出さずに済むというわけです。

❻子供たちへの好影響

マンションやプレハブ住宅しか知らない今の子供たちは、温かみや情緒を田舎の実家やおじいちゃんやおばあちゃんの家から感じ取るケースが少なくありません。庭のある古い平屋は 子供たちの情操にも良い影響を与えます。

古い建物の残る福岡はまだ手遅れにはなってはいない。「街並を守る」という気持ちでどんどん空き家を使えば、首都圏のような街のクローン化は防げる。
しかし、ただ入れれば良いというものではない。住人はよく清掃をし、よく手入れをし、よく修繕して保つことが重要。そうして初めて古い物件は本領を発揮し、新築物件にはない輝きを放つ。そればかりか自分の気持ちも清々しくなり、如いては暮らしも好転する。オーナーも変貌した姿に大喜びし、周辺の評価も上がるというハッピーセット。ぜひ多くの人に実践して欲しい。

暮らしに古物を!
Patina In My Life
Vol.02

【モダンテーブルウェア】

　仕事柄もあり一日を通してお茶はよく飲む。よく
コーヒー好きに見られるが、愛飲するのは緑茶や紅
茶などもっぱら"葉っぱ"党。しかし寒い時季は香
り嗅ぎたさにコーヒーも淹れる。来客の9割方にコー

ヒーを所望されることもあって豆は常備している。
どちらにせよ、とにかく無類のティーブレイク好き
の筆者。今回はそんな「お茶の時間」にまつわるテー
ブルウェアをいくつかご紹介しよう。

Coffee grinder コーヒーグラインダー

　まずはコーヒーグラインダー（豆挽き器）から。
製造国は主に欧州で木製のものが主流だが、面白い
のは樹脂製のもの。色も形もいろいろ成形できるの
でバラエティに富んでおり、並べて見ているだけで
楽しくなる。

カラーリングが渋い旧チェコ
スロバキア製《TRAMP》のグ
ラインダー。携帯用で、ハン
ドルを外して本体の中に収納
できるようになっている。色
違いと2台で5000円に届かな
かったかと記憶。

ルーマニアのメーカーと思
しき《RESITA》のコーヒー
グラインダーは1950年代
製。ブリキで作った紅茶缶
のようなスパルタンなルッ
クスに真鍮の銘版、マメの
挿入口と引き出しは樹脂で
できているという多素材な
一台。e-bayで送料込4000
円ほどで落札した記憶。

当時のプロダクトはキッチン
ウエアでもロゴデザインが
しっかりしている。

こちらはドイツのブランド《GESKA》のグラインダー
で携帯用。ハンドル下を回転させると豆の挿入口が
出現する。マーブル模様のボディはしばしば見るが
単色はめずらしかったので e-bay で落札。こちらも
送料込 4000 円ほどだったと思う。

裾広がりのドーム型が愛らしいイタリア《FRABER》のグ
ラインダー。パキッと映えるオレンジのボディカラーが
彼の国らしい。トップが金属製で、ツマミをスライドさ
せると挿入口が出てくる。こちらはコンディションがイ
マイチのせいか 3000 円しなかった記憶。

こちらは電動のイタリア製グ
ラインダー。上部のドームを
外して豆を入れる。ぱっと見
オモチャかと見紛うような
フォルムと質感にひと目惚
れ。それでも送料込みで
5000 円せずにスンナリ落札
した記憶。ちゃんと通電する
のでなんだかんだ言ってこれ
を使うことが一番多く……い
かんいかん。

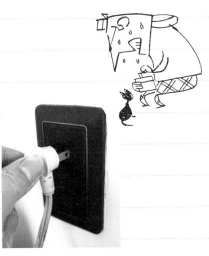

コンセントのデザインが秀
逸。抜き易いようにツマミ
が付いている。

Cup & Saucer カップ＆ソーサー

イギリスの陶磁器メーカー《Midwinter》の紅茶用カップ＆ソーサー。1950年代に『ファッション・シェイプ』なるモダンなラインを販売、顧客の世代シフトに合わせた。これはそのシリーズの中の Cassandra という柄。ミッドセンチュリーライクなパターン＆配色だ。e-bay で6客セットの落札で6000円前後＋送料だった記憶。

フランスの食器メーカー《arcopal》のミルクガラスによるカップ＆ソーサー。花や鳥などのファンシーな柄の多い同社製品の中、シンプルなバンドパターンはあまり見ない。東区のMarinfordで1200円。

ミルクガラスの場合裏に押されたバックスタンプはレリーフ（刻印）の場合が多い。

当然ソーサーのサイズも違う。パターンを単に相似形にしていないところがいい。

他のものよりも断然若い品だが、ブランドはすでに消滅している。

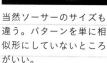

ソーサーのバックスタンプがあまりにしっかりしていてもうラベルに近い完成度。

こちらは小ぶりなデミタスカップ。コーヒーよりも紅茶が主流のイギリスにおける同社のシリーズ中、なかなか見ないサイズ。6客セットを東京／吉祥寺のインテリアショップ「TRANSISTA」のセールで購入。

デンマーク DESIREE 社のデミタスカップ＆ソーサー。側面の景色は手塗りされたものらしく バックスタンプには HANDMALET（手塗り）の文字が。20年以上前に都内リサイクルショップで箱付きを格安購入。

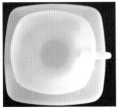

真上から見るとこんなに
四角。飲むときはコーナー
からとなります。

US ビンテージがお好きな方にはお馴染みのアンカーホッキング社は
FIREKING のカップ＆ソーサー。F.K といえば D ハンドルマグや緑色の
ジェダイがポピュラーだが、筆者はこの淡いブルーのアズライトチャー
ムが好み。日本で買えば1客 3000 円前後するが、海外オークションな
ら半値以下も。

『パイレックス』でお馴染みのコーニング
社のブルーバンドのセット。このシリーズ、
どうやら米軍基地内のカミサリーで使われ
ていたミル・スペックだった様子。80 年代
末、岡山県にあった当時ではまだめずらし
かった US コレクティブル店にて購入。当
時は 1000 円以内で買えたが、今なぜか人
気が上昇しておりこれだけは例外的に高
い。使用頻度も高く、4 半世紀も使い続け
ているマイ・ビンテージ。

Biscuit Barrel ビスケットバレル

ミルクガラス製フタ付ジャー。もしか
するとキャセロールかもしれないが、
小ぶりなのをいいことにチョコレート
や柿の種などを入れている。東京／吉
祥寺の友人の店「young soul rebels」で
1000 円くらいだった記憶。

Cassandra のビスケットバレル＝お菓子入れ。ではなく、ジツはこ
れ Tureen と呼ばれるフタ付のスープボウル。それをお茶菓子入れ
として使っているというワケ。カラーリングは元より、ひらひらっ
としたフォルムがまたかわいったらしい。海外オークションで送料
込 5000 円弱だったかな。

裏にはなんと FIREKING の
レリーフが！　どうやら
中々のレア品だったこと
が後に判明。友人はそれ
を知っていた上で値付け
していたという美談。

Pot ポット

C&S よりもザツながら味わい深いスタンプ。

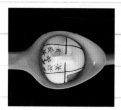

《Midwinter》は同型無地の食器にさまざまなパターンのプリントを施し人気を博した。これはセレクトショップが有名なかのテレンス・コンラン卿の若き日の仕事で、『Chequers』と呼ばれるシリーズのポット。蓋だけにパターンが描かれているという洒脱さ。10 年ほど前海外オークションで偶然発見、結構競った記憶。

前出の『Cassandra』シリーズのティーポット。1950 年代製。イラストを具現化したようなカリカチュアライズされた曲線がジツに洒落ている。これがひとつポンと置いてあるだけでテーブルの雰囲気が一気に変わる。ただし、その分使用後の洗浄はし辛いことこの上ない。

イーグルをあしらった《ALFRA ALESSI》のレリーフは 1950 〜 60 年代製のものに付けられていた。

イタリア《Alessi》のティーポットとコーヒーポットのコンビ。ころんとした可愛らしいフォルムの中にも工業製品然としたスパルタンなラインが共存する。海外オークションでひと目惚れ、2 個セットを 10000 円ほどでめでたく落札。

ティーポットには注ぎ口にストレナーが付いている。しかしこれが逆に邪魔をしてダラダラとこぼれるケース多し。そういう部分は「さすがイタリア」と苦笑してしまう。

ポットにしておくのがもったいないほど美しいライン。こういうデザインの製品が我が国にはない。なぜだろう。

英国ステンレス食器の老舗 ウィギン社のブランド『Old Hall』のコンビ
ネーション・ポット。1950年代製。木製ハンドルの位置がそれぞれ逆
なのは、片方にコーヒー、もう片方に温めたミルクを入れ、両手でカッ
プに注ぎ一気にカフェオレが淹れられるようになっているため。しかし、
これも中が洗いにくい。グッドデザインと使い易さは必ずしも一致しな
いのかも。海外オークションで送料込10000円ちょっと。

英国茶器ファンならば誰もが知ってい
るオールド・ホールのお馴染みロゴと
共にデザイン・バイ・ロバート・ウェ
ルチの刻印。

Ketlle ケトル

トリを飾るはアノニマス（無名）デザインの
アルミ製ヤカン。ワーゲンのキャンパーに積
もうと英国のネットオークションで1000円
ほどで落札した。軽いし気を遣わなくて良い
しで、屋内外問わずのフル活用。ヘヴィロー
テーション度台いは案外価格には関係しない
ものだったりする。

貴金属やガラス製品のデザインもしたという
スウェーデンの工業デザイナー／グンナー・
サイレーンの銘が蓋にさりげなく入っている。

スウェーデン製1960年代のステンレスケトルは1.5Lたっぷり沸かせるのでと
ても使い勝手がいい。キャンパーに積んで行くこともしばしば。岡山にある友
人のセレクトショップの処分セールで購入。相場の半値以下、おそらく赤字だ
ろうくらいに安かった記憶。

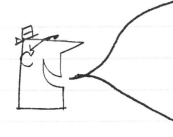

「モノとは、新品で買うときが正価ではない。次の誰かに渡ると
きに付けられた価格が真価である」が持論なのだが、一方で「穴」
もある。しかもデフレが長引きインターネットが普及する昨今
は、努力次第で良い古物が安価で買える時代となった。ここで
紹介したようにネットオークションでことのほか安価で落とせ
たりする現在、いろいろな方法でパティナ生活を愉しみたい。

Omnibus of Patina In My Life

筆者が購入したプロダクトの数々をオール手描きで綴るシリーズ。もちろんメインはユーズド品。
デッドストックあり、廃番商品あり、ガラクタ扱いされたビンテージあり、
見落とし高価値商品あり……どれをとってもやはり中古品が圧倒的に面白い！

Patina 総決算❶

▷ 玄関灯が
蛍光灯だったので60年代
製のライトを米国オークションサイト
e-bayで落札。おかげさま
でしっくり。送料込みで
6000円ほど。

◁ 古いモノのようなのだが
いったいどこでどういう使われ
方をしていたモノかが判然としない
チーク製のラック。マガジンラックが付いてい
るのでリビングに設置。南区のリサイクル
ショップで3800円。

◁ カメラ、サイフ、電話くらいでいっぱいに
なる小ぶりの
バッグを探して
いたら古着

店で近いものを発見。
2500円と安価だったが
検証してから見購入。
ヒッコリー生地でできた
《ポストオーバーオール》の
ショルダーバッグは日本製。

そんなに
沢山入ら
なくてイイ

△ ワーゲンキャンパーの中に吊るしておいて
異和感のないランタンをとe-bayを
物色していたら遭遇. ミント(ほぼ新
品)状態の割りには10ドルと安価.
人気が無いのかあっさり落札.
単2電池×2で
点火すあるが、サス
がは豆電球、
暗いでーす(笑)

MADE IN
HONG KONG
おそらく60年
代製.

British
Outdoors
made in Great Britain

▷ ラウンドカラー
のシャツダウンの上から羽織れるアウターを
探していたらちょうど良いタイプを発見.
袖まわりにダメージがあったので店員に
報告するとプライスダウン. 修繕を
前提に購入. 英国≪ブリティッ
シュ・アウトドア≫のダスパーカー.
サイズ5のダークブラウン4800円.

織りネーム
のフォントが
也も木
カワイイ.

△ ガスレン   ジというのも
中々良いデザ   インのもの
が見つからない
用品のひとつ.

ボディは真っ白↘

デザインと価格が比例する
印象が強いが、オークションを
物色中 ホーロー製の飾ら
ないスッキリした意匠の
品を発見. メーカーを知って
ビックリ!あの日立製作所が
こんなモデルを出していたとは!
30分以上の競り合いを制し落札.

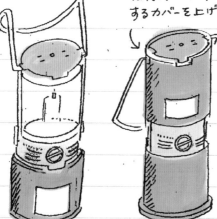

使う時はカバー
を下に降ろす。

使っていない時
はホヤもガード
するカバーを上げる。

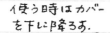

◁これはたキャンパー
用としてイインじゃな
いかと、友人がフリマ
に出していたところを
インターセプトした逸品。
フランス《シンフォニー》のラン
タンは激安の600円。しかし
ガスが入手困難というオマケ
付きでした(涙)

▷イギリスの
アウトドアブラ
ンド《カリマー》のバックパック。かなり
くたびれていたところを市内古着屋で
救出。しかしクタクタに
なったナイロンバッグは
使い易くなっていてそう

karrimor

悪くない。しかも1000円なので問題ナシ。

△ 使うより飾っておいた方がしっくり来るデミタスカップは
ポルトガルのホテル《AV　　-IZ》のカミサリーの
備品だっ　　　　　　　　　た気配。こんなに
美しいのに1000円。

ジッパーで
フードが
分割。

◁ブロックチェック
のメルトンせにめっぽ
う弱い筆者を一発で射抜いた
C.P.Oジャケット。しかもフード付き
と来たら そのまま帰るワケに行
かない。《ジョンソンウールミルズ》
のパーカーは
古着チェーン店で
4800円。

← 織りタグが
また秀逸。

▷米軍ハウスに置く冷蔵庫として
平屋ファンから最もを得ているのが支持この
ナショナル製の
《will》である.
レトロなデザインながらキチンと使
えるところが人気の要因.オークショ
ンでも競ることが多く、1万強で
落札できたのはラッキーだった.
162L / 2004年製.　willはシリーズで
　　　　　　　　　クルマも出してました.

◁　クルマで　出掛けることが多いため、持って行くものを
　　　　　　　　　　　　　　　ワッと放り込んで
reisenthel®　そのまま積める
　　　　　　　　　　　　カゴのようなものが
欲しいナァという方にはこの
《ライゼンタール》のキャリーバッグ
は重宝あるかも.ただしプロパーで
買うと8000円ほどするので要注意.
　筆者はグッドコンディションをリサイクル
ショップで1900円でGet.

▷《VANS》のエスパドリューはめずらしかった.
汚れがヒドかったためか500円の値が付
　　　　　　　　けられていたが
　　　　　　　　コンディションは○.
　　　　　　一週間水を
張ったバケツに浸けておいたら アラ
新品!すっかり蘇生致しました〜.
　　　◁《ボーネルンド》の木製バイクは
タイヤには　1万円のモノがリサイクルショップで
ゴムが!　2000円.独身のクセにこの手のコドモ

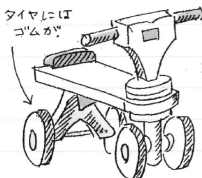

用品に惹かれる悪いクセ.

▷ 高校生の時分には憧れのブランドだった《アルビオン》のベースボールジャケット＝通称 スタジャンは80年代当時は 5～6万もある高級お洋服だったが、今では 3万円ほどで売られている. 市内古着チェーン店で1600円. しかも36というレアサイズ. 実にお値打.

AWARD Jacket

↖ 折り返し襟

アームはレザー製.

DASENKA

▽ チェコの作家 カレル・チャペクが愛犬のテリア《ダーシェンカ》について綴った名作のオリジナル(?)本. 1959年版を埼玉の知人の雑貨店で購入. 装丁が実にカワイイ.

▷ 中々良い傘立てが無いナァと嘆いていた所ブリキ製のイカしたヤツとリサイクルショップでバッタリ. 3000円であった.

↑ ほぼブリキの筒.

WORKING

▷ 仕事中に仮眠をとることが多いのだが寝室に行くまでもないワケでそんな時にはソファを兼ねる "デイ・ベッド" が便利だ.

INTERMISSION

《ACTUS》の定価7万のモノをオークションで1万ほど. すっごく重宝してます.

EXTENSION.

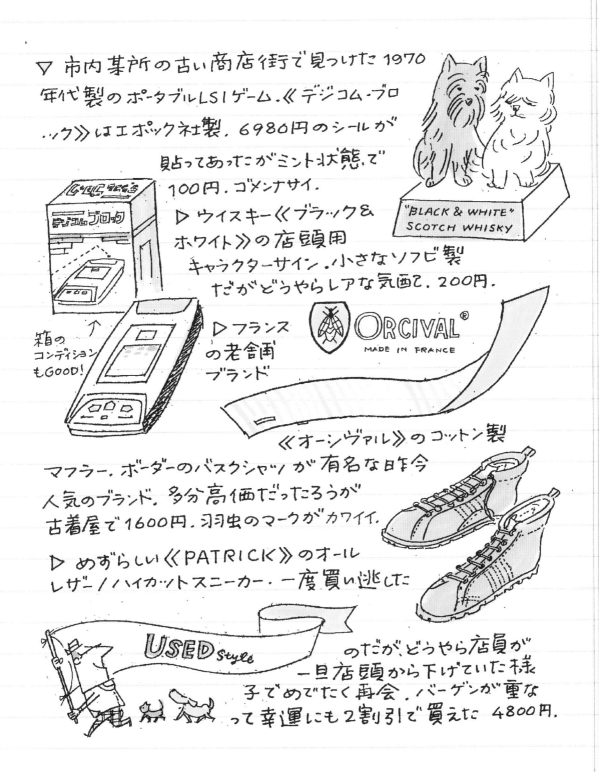

▽ 市内某所の古い商店街で見つけた 1970 年代製のポータブルLSIゲーム.《デジコム・ブロック》はエポック社製.6980円のシールが貼ってあったがミント状態で 100円.ゴメンナサイ.

▽ ウイスキー《ブラック＆ホワイト》の店頭用キャラクターサイン.小さなソフビ製だがどうやらレアな気配で.200円.

"BLACK & WHITE" SCOTCH WHISKY

箱のコンディションもGOOD!

▽ フランスの老舗用ブランド

ORCIVAL® MADE IN FRANCE

《オーシヴァル》のコットン製マフラー.ボーダーのバスクシャツが有名な昨今人気のブランド.多分高価だったろうが古着屋で1600円.羽虫のマークがカワイイ.

▽ めずらしい《PATRICK》のオールレザー／ハイカットスニーカー.一度買い逃した

USED style

のだが,どうやら店員が一旦店頭から下げていた様子でめでたく再会.バーゲンが重なって幸運にも2割引で買えた 4800円.

Omnibus of Patina In My Life

REVIVAL
Story

元キャバレー寮の古家再生

＜ベラミ山荘＞

拙著『FLAT HOUSE style』にコラムを寄稿してくれていたＦさんは、
主婦業の傍ら古い家ばかりを何棟も所有し賃貸するという古家フリーク。
彼女がまたまた面白い物件を購入したと聴いた。
しかも今度はキャバレーの社員寮だった建物だという。
小倉ではそのキャバレーに関する展示会も開催しているというので、
北九州のpatina巡りも兼ね見学に行って来た。

彼女が購入した物件は、昭和30〜40年代に隆盛を極めたという《グランドキャバレー・ベラミ》の社員寮『ベラミ山荘』。昭和60年代に閉店してしまったものの数多の人々に愛された当店は、モーパッサンの小説から借りたその名が表すように、淑女の色香で多くの顧客を魅了した紛うことなき伝説のキャバレーだった。

そんなベラミ荘が建つのは北九州市若松区にある山の上。小倉の町並みを一望できる好立地で、寮というよりはその名の通り別荘の趣き。はてさてどんな建物なのだろうか。

細い山道（舗装はされている）をくねくねと進むと、奥まった地にひっそりと隠れるように佇むゲートを発見。オーナーが直々に降車し開門。

門をくぐると、すぐ左に現れたるは細長きガレージ。アンティークショップの倉庫になっているそう。

クルマを停め、誘うように延びる小径を森の中へと分け入ると、またもや突如現れたる"鉄の城"。うーん、恐ろしく怪しい。というかこれもセットで購入したF氏が一番怪しい。内部はのちほど。

すでに廃墟探検のような心持ち、前へ進むとついに樹木の間から建物が！

広い庭の向こうに横たわる平べったいシルエット。タイル張りのファサード。中心からずらしたかように付くドアの左右には非対称にバルコニーが並ぶ。『ベラミ山荘』はモダンな建物だった。

かつてはここにたくさんの錦鯉が泳いでいた
のかと思うと、なんだか切なくなる。

庭の一片を切り取ったこの画、
もう大分麦焼酎の CM である。

玄関を入って最初に出会うことになるのがこのラウンジ。シャンデリアが下がりバーカウンターが設えてあるこの部屋で、
日々賑やかな夜会が行われていたのだろうか。鎮座しているグランドピアノだけがその歴史を知っている。

緩い曲線を描くカウンターテーブルの足下にあるポスターはマリリン・モンローで昭和30年代当時のもの。ショーケースに並ぶ銘酒ボトルの中身は残念ながらすべて空だった。

カウンター裏にあるシンク枠が木製だったのには驚いた。おそらくオリジナルだろう。

数カ所に取り付けられているウォールライトは、いかにもミッドセンチュリーな2頭タイプ。この照明は当時大流行したようで、いろいろなタイプがあってFLAT HOUSEでもしばしば見られる。こんな凝ったフォルムの製品は今やどのメーカーも作ろうとしない。

自立タイプの大型空調機は三菱製。これもかなり古いものだろう。電源を入れたらスゴい音を立てるような気がする。

従業員が住んでいた個室はすべて和室。右手の棚に大量に積まれた箱の中には、ついに使われることのなかったマッチなどのノベルティがぎっしりと詰まっている。

廊下の隅に置かれていたキョン[2]の等身大POPは、そのコピーから90年代初頭のものと推測。それでもすでに四半世紀経っているが、他の物と比べたら若者だ。

ベストポジションの部屋からは若松の街並みを経て小倉方面まで一望できる。ゲストハウス化させたら人気の部屋になりそうだ。

廊下の左右に個室が並んでいる。各ドアの横にある採光用の腰窓がジツにノスタルジックだが、部屋によって結構な明暗差があったように感じた。

形が他室と違う廊下突き当たりの一室は、間取り図から運転手部屋だったことが判明。当時の日本人が今より小柄だったとはいえ3畳とは。しかしながら明るく、居心地もそう悪くなさそうで今回一番ときめいた部屋であった。

ドアに貼られたさり気ない
ヌードポスターにまたノス
タルジーを感じる。昔はこ
の手のポスターって本当に
多かった。

積み上げられている本が懐か
しい。子供の頃、父親が応接
間の書棚に溜め込んでいた事
典の装丁にそっくり。

誰かの書斎として使っていたのか用途不明の部屋。現在
は物置と化しているが、日当りもよくなかなかよい部屋
である。

下階はかなりの薄暗さ。台所
もキャパシティはあるが採光
はイマイチ。ただ、床やシン
クなどの風合いは抜群。

デカ鼻男が驚いたような顔
をした真鍮のドアノブも
すっかり鈍色に。

ジツはこの建物、庭から入ったフロアは上階で階段を下
りると下階がある。斜面に建っているため、こういうや
やこしい造りとなっている。

風呂場はきちんと男女分か
れている。こちらは男湯で
浴槽はタイル張り、8畳は
あろうかという広さ。

▪ 始まった再利用

とにかく前オーナーもさじを投げ
ていたほどの大荷物が残っていたた
め、その片付けに１年半を費やした
Ｆさん。それでもまだまだ道半ばと
いった感だが、一部にテナントを入
れたりイベントを行ったりし、理解
ある友人たちの協力もあって少しず
つ再利用が進められている。

建物の西端の部屋はアメリカンビンテージを置く店に貸
し出されている。天井を剥いで屋根裏を見せた店内は、
すっかり古家ショップの体。ベラミ山荘の違う顔が覗く。

《こぶの市》と銘打たれたイベントでは、県
内の名物古物商が軒を連ねた。前出のバー
カウンターでも物販が行われ、門脇のガレー
ジもアンティークモールに変身。こういう
商品が並ぶと俄然活き活きとしてくるベラ
ミ山荘のポテンシャルは高い。

お金を貯めては古い物件を購入し、その都度我が子のよ
うに手入れをして貸し出して来たＦさん。ここも自宅か
ら片付けや改修のために通う費用がかさんでいるようだ
が、それも家とセットと解釈して週末は往復している。
彼女の古家へのパッションとエネルギーには毎度敬服す
るばかり。次ページからは、あの"鉄の城"の内部やベ
ラミ展の模様をお伝えしよう！

1階部分は動物を飼うゲージになっていたの
だろう。その上に円板状のプレートが載って
おり、その上に本殿が載っているという構造。
こうして見ると映画のセットのようだ。

石造のツボからは水が出たに違い
ない。

手すりは鉄パイプを溶接で繋いで
造られている。それにしても樹木
の勢いがスゴく、そちらにも圧倒
される。

2 階

階段を上がると2階部分へ繋がる廊下が
延びる。1階のケージ内もよく覗える。

ドアは常時開けっ放しになっている様子。このアングルから見る
とひと際怪しい。

「そう来たか〜ッ」と思わず呟
いてしまった囲炉裏造り。ここ
でVIPをもてなしたのか、はた
また首脳会議を催したのか、い
ずれにしてもつくづく前世代は
こういう「なんちゃって和」が
好きだなあと。微笑ましくもあ
るんだけど。

3 階

そうなると更に上まで見たくなる、というこ
とで3階へ行くとバルコニーになっていた。
その上にも更に塔があったが、腐食が進んで
いるためFさんからここまでと制された。

裏に廻るとコンクリート打ち放しとい
うかムキ出しというか結構ゾンザイ。

しかし見晴らしのスバラシイこと。元
オーナーがのびのびとこの山荘を楽し
んでいたのが伝わって来て、なぜこん
なものを建てたのか初めて腑に落ちた。

《キャバレーベラミの記憶》

日没が近づき小倉北区にあるカフェ《ギャラリーソープ》へ移動。ベラミ山荘に残された多くのダンサーや芸人たちのブロマイドや備品、そして八幡の映画館《有楽映画劇場》に残された昭和のアダルト向け映画、いわゆるポルノ映画のポスターが同居展示された『キャバレーベラミの記憶＋有楽映画劇場秘蔵ポスター展』が催されていた。

希少な従業員そろい踏みの1枚。中央に固まっているドレス姿の方々がホステスではないかと拝察。こういう場であっても「品」を大事にしていたことが窺える。

大量に残されていた宣材写真と呼ばれるタレントの営業用のスナップ。現在はアーティスト写真＝アー写なんて呼び方もあるが今のものよりもどうにも雰囲気がある。

こういうキャバレーがまだたくさんあった昭和には、そこを廻って食べていたタレントの数も多かったのだろう。裏には芸名と簡単なプロフィールが万年筆で書かれていて、中には「何卒よろしくお願い致します」と添えられているものも。

写真左側に貼られているのはスピードポスターと呼ばれるB2判の半裁断サイズ。今やすっかり見なくなった。しかし当時のグラフィックはポルノといえどもデザインがジツにカッコイイ。タイトルセンスも振るってる。

宣材写真にもサイケ＆モンドの波が来たのか、スタイリッシュ。昭和40年代も半ばになるとアーティスティックな要素が入って来る。

'50s調のバーレスクスタイルが目立つ。恐らく昭和30年代後半あたりだろう。

アクロバティックなステージを展開していたと思しきショーマンたちも色気たっぷり。

人形もダブルのスーツを着ているところに時代を感じる。

切り絵師もどこか品がある。往年のマンガキャラクターが懐かしいが、オリジナルへの忠実度が高いことにびっくり。

バンドスタイルの芸人たちは、戦前活躍した『あきれたぼういず』から"ぼういずモノ"と呼ばれた。クレイジーキャッツやドリフターズ、今ならばポカスカジャンが該当する。観てみたかった。

在りし日のベラミの佇まいはまるで外国の劇場のよう。この時代は"夜の娯楽"でも格調が高かった。

スタッフのブレザー。包みボタンに胸には花文字の「B」。くたびれ具合に漂う哀愁。

そろそろカクテルが入って来た時代だったにしても、焼酎王国でここまで洋酒を揃えたことはさぞスゴかったことだろう。カウンター内の女性のバーテンダーが新鮮。

移転時の案内看板はオール手描き。PC はおろかワープロもない時代の素晴らしい遺産。

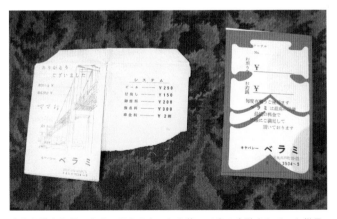

大入り袋かと思いきや、どうやらこれを使って客の会計をしていた様子。「最高の設備に最低の料金」とはまた名コピー。

粗品の和手拭には若戸大橋のシルエットを
バックに『若戸大橋音頭』が書かれている。

店名入りマッチは前出の部屋に大量に残さ
れていたもの。当然入るはずの和文が排除
されているところが粋。

オーナーの F さんは拙著
『FLAT HOUSE style』にコ
ラムを寄稿してくれている。

80 年代にはダンスホールとして舵を切り
直したそう。すっかりキャバレーの面影
は消え、なんだか市営の体育館のように
見えてしまう。

これまでもこういう古家物件を見つけると購入し
て来た F さん。周囲からは「なんでこんなバラッ
クを」と言われて来たようだが、ベラミは今まで
で一番呆れられた物件だそう。しかし一途な彼女、
それがまるで前世から持ち越したミッションかの
ように止めない。新品ピカピカなものにはまった
く気持ちが動かず、こういうパティナなものしか
愛せないのだという。購入してから 1 年半、毎週
末時間と費用をかけて片付け清掃をして来た彼
女。その姿を見ていると、ベラミ山荘は良い人に
引き取られたとつくづく思う。ここがこれからど
のように使われて行くのかとても楽しみだ。

暮らしに古物を！
Patina In my Life

Vol.03

【レトロアダルトマガジン】

　古本屋に行くのが子供の頃から大好きだった。夏休みはよく商店街の外れにひっそりあった古書店へ行き、60〜70年代の漫画や劇画を読みふけったものだ。マンガに限らず今やインターネットを使って稀少な古書が手軽に入手できる。まだ自分が生まれる前の本がこんなに簡単に読める時代が来ようとは。

　そんな筆者の古書コレクションのひとつ、1950〜60年代に大量に現れた成人男性向け雑誌＝レトロアダルトマガジンを紹介！　まずはアートワークが素晴らしい表紙から見ていこう。

《Esquire》編集部に身を置いていた米国の実業家ヒュー・ヘフナーが雑誌《PLAYBOY》を誕生させた1950年代前半から、アメリカでは成人男性向けのマーケットが成熟し始める。同誌創刊後は"二番煎じ雑誌"がたくさん誕生するが、中には単なるエピゴーネンに終わらないハイクオリティな雑誌もあった。打倒PLAYBOYを掲げて65年に創刊された《PENT HOUSE》がアンダーヘアを掲載するようになると、成人男性誌は一気に過激化の一途を辿る。しかしその前段50年代〜60年代前半の数年間には洒脱な誌面のアダルトマガジンの爛熟期があった。この時代の成年誌を筆者は「レトロアダルトマガジン」と勝手に命名しているのだが、写真やイラスト、エディトリアルデザインがジツに良いのだ。広告を含めたアートワークの素晴らしさから、ヴィジュアル的資料として近年世界的にも評価が高まっている。

Adam

正確な資料がないため詳細は不明だが、奥付を見る限りでは1957年が創刊のようだ。出版社はロサンゼルスの『Knight Publishing Company』で編集長は Lother Ashlay なる人物。発行部数は多かったようでオークションサイト e-bay でも常に見かけるが、年々価格が上がっている傾向にある。初期のカバーデザインは2色のストライプにカバーガールの抜き。この時代ですでにモデルがロゴの手前に配されているとは斬新だ。表1（表紙）と表4（裏表紙）のデザインが連続しているところが洒落ている。全66ページの中綴じ。価格は55セント。明らかに狙うは PLAYBOY だったのだろうが、誌面のトーンはもう少しブルーカラー層に絞っているようにも映る。

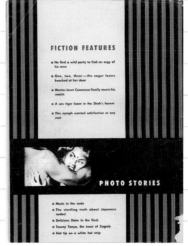

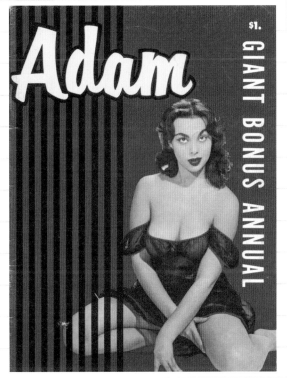

vol.7 ではロゴの扱いが小さくなってカ
バーガールはどアップとなり、より訴求
力が強くなった印象。メイクには時代を
感じるが、このトーンのリバイバルはそ
の後幾度となく来た。

ストライプがカバーガールの脚に被さっ
ているとはまた大胆。文字要素の少なさ
といい、今では考えられないデザイン。

vol.11 あたりからどうやら編集長が交代
したようだ。これまで踏襲されて来た表
1と表4の連続デザインも刷新された。
カバーの紙が厚くなり価格も5割増の
75 セントにアップ。カバーガールもい
かにも60 年代的なゴーゴーガール調。

67年のカバーガールは明らかにこれまで
とトーンが違う。ファラオチックなメイ
クにジオメトリックなショートカット。
時代が移ったことが窺い知れる。

カバーガールがバストショットに引き
戻されたと同時に文字要素が増え始め
る。頻度の高い黒と紫のストライプは
当誌のトレードカラーのようだ。

Sir Knight

こちらも詳細は不明だが 1958 年が創刊の様子。出版社はやはりロサンゼルスのプロダクションで『Sirkay Publishing Company』。編集長は初期号には明記がなく、vol.3 辺りから Steve Madden と記載されている。識者によれば、どうやら前出の《Adam》の編集者がスピンアウトして創刊した"姉妹誌"のようだという。いわれてみればカバーのデザイントーンが似ている。こちらも発行部数は多かったようで、e-bay ではまだまだ見かけることができるがやはり価格は上昇傾向。1 冊 2000 〜 5000 円で取引されている。

ロゴにもあしらわれているキャラクターが実写化したカバー。この時期の成人誌で表紙にカバーガール以外の男性モデルが出て来るのはめずらしい。このあと何号かこの実写キャラクターが共演するが vol.2 から消える。

vol.2 からはグリッドパターンがバックモチーフになる。一部カラーが切り返してあったり、表4に目次が載っていたりと工夫されている。《Adam》もそうだったが、不思議なのは vol.1 とありながらその後に「No.○」とふられているところ。つまりvol.1 に属する号が何冊もあるのだ。詳細は不明だが、一定の期間を「vol」で区切っていたのかもしれない。

この辺りからアップが増える。もしかすると販売におけるリーガルな
何かがあったのかもしれない。どちらにせよカバーとしての魅力には
欠ける。その分なのか表4では雑誌オリジナルのレコードの割引券が
付けられた。

放射線状の背景エフェクトがセンセーショナル。このカッ
トを見て峰不二子を連想する人も多いかもしれないが、昭
和40年代初期のモンキー・パンチ氏の作画には、この手の
レトロアダルトマガジンのピンナップをモチーフにしてい
たように窺えるものが多々ある。

上を向いて眼を瞑り思いに耽る女性とフルーツ。芸術雑
誌の表紙としてもいけそうなアーティスティックな号。
vol.2には「TOPS IN MEN'S ENTERTAINMENT」のキャッ
チフレーズが入る。

カバーガールに他国民族衣装をコスプレさせ、エスニック性を押し
出したカバーコンセプト。これはこの時代、他誌でもしばしば見ら
れるため、流行だったようだ。

Another Title

オハイオ州 Bonanza Publishing がリリースした《girl watcher》は、他誌と比べて独自の路線を歩んだように映る。タイトル通り女性を研究対象的な視点で愛でようというコンセプトのようで、70〜80年代日本を席巻するカメラ小僧系雑誌のオリジンといえるかもしれない。カバーデザインもルナティック。

王者《PLAYBOY》の大成功から（もちろんそれ以前にも粗野なカストリ雑誌はあったようだが）50年代後半には前出の2誌の他にも雨後のタケノコのごとくアダルトマガジンが創刊された。大方は数年を待たずに消えて行ったが、中にはそのアートワークやコンテンツの完成度の高さから70年代まで生き延びた誌も。

隔月刊の《gent》はニューヨークの Excellent Publications からのリリース。タイトルロゴのクオリティが高く、エディトリアルデザインも整然としていてとても読み易い。品があってタイトル名に恥じない一誌だ。

フランス語で「紳士」を意味する《MONSIEUR》はタイトル通りラテンな明るいイメージの一冊。連載マンガが掲載されているのもめずらしい。ニューヨークの Kenden Publications の発刊。

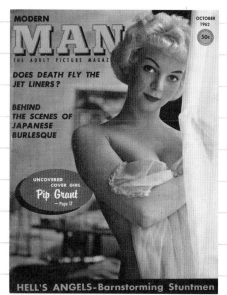

カバーデザインの完成度が高い《MODERN MAN》はイリノイ州から生まれた。写真の扱いからフォントのレイアウトまで完璧に近い。個人的には最も好きな表紙のひとつ。

こちらもニューヨーク出身の一冊。《NUGGET》はタイトルの頭文字「N」がモノグラム調にデザインされているという洒脱さ。おかげでカバーガールの扱いが小さくなってしまい、ちゃんと売れたんだろうかと心配になる。しかしイラストも多く、レイアウトも編集も申し分なし。装丁・内容ともにカルチャー雑誌と呼んでも差し支えなさそうだ。

ニューヨークは Arena Publishing 発刊の《Foto-rama》も隔月誌。実はこの本だけペーパーバックサイズのコンパクト版。カラーページなしのモノクロ誌のため 35 セントという低価格。ブラックバックのカバーはモデルも含めてクールな印象。

フロリダ州マイアミにある Topical Magazines がリリースする《caper》は、イラストと写真のコラージュがこの時代らしい茶目っ気たっぷりのカバー。インタビュー記事にはカシアス・クレイを名乗っていた頃の若かりし日のモハメド・アリが 登場（P92 参照）するなど、ヌード雑誌らしからぬレベルの高さ。

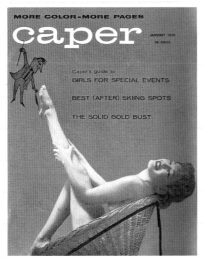

オークションでも滅多に見ない《SABLE》はハリウッドの出版社 Tri-S Publication の発刊。土地柄かカバーガールにも女優のような風格がある。しかし中はオールモノクロ。紙も上質紙を使っているというのにまことに勿体ない。

50 年代はまだ大人のカルチャーマガジンという体裁が強かった《THE DUDE》も 60 年代をまたぐ頃にはアダルトマガジンの色調を濃くする。この 1958 年のカバーはまだハダカ一辺倒ではなく、男女のドラマを感じさせてくれるような洒脱なデザイン。ロゴを含めた文字のレイアウトも素晴らしい。

アンダーウェアを着けたモデルが多く掲載されており、フェティッシュ系雑誌の始祖といえるのがこの《The Nylon Jungle》だ。今回掲載の中で一番価格が高く、以前からオークションでも 10000 円超えの出品が少なくなかった。ワールドマーケットのカルト的アダルトマガジンである。

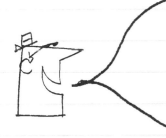

今日の成人向け雑誌の表紙は、このレトロアダルトマガジンがつくった流れの延長線上に位置するものだ。しかし、それらからこれらの雑誌が持っていたアート作品としても鑑賞に堪え得るトーンやデザイン性を見ることはできない。今やオリジナルとはまったく違う方向性のものになってしまったのはやはり残念だ。さて、次ページからは中身＝コンテンツに触れてみたい。

カバーのアートワークもさることながら、
コンテンツもまた輪をかけてスバラシイ！

Pin Up ピンナップ

　切り離して壁に貼るようになったことからこう呼ばれるようになったヌード＝ピンナップは、やはりアダルトマガジンの中核。これらの雑誌が爆発的に部数を伸ばしたのも、ヌード写真を大衆が手軽に購入できるように

なったからに違いない。しかしこの時代のものは今の視点から見ればまだまだソフトで、コスト面からもモノクロが主。その分アートフォトとしても 鑑賞でき得る余白を残していた。

さまざまな角度からのカットが Penny Bello と紹介されるピンナップガールの魅力を紡ぎだしている。この時代は彼女らに対する作り手のリスペクトのようなものが少なからず感じられる。それを受けてかモデルたちもどこか自信に満ちている。〈MODERN MAN〉

Laura Sanders のピンナップは今ならば１ページずつ載せるようなところをオフショットを織り混ぜコラージュして見せている。ほんの数ページでぐっと親近感が湧く工夫。〈Sir Knight〉

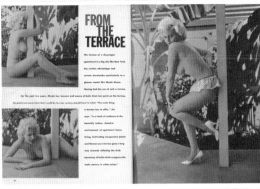

カラー写真の多さを売りにする《SCAMP》のピンナップ。テラスでポーズをとる Rhoda 嬢 3 カットのなんともふんわりした色調に、これぞレトロアダルトマガジン！とひとり語りする。

海洋生物学者の肩書きを持つ Ann Baker というピンナップガールは女優顔負けのルックス。彼女のような才色兼備の女性を日常の風景から丁寧に見せ、最後は一糸まとわぬ姿にさせるという殿方イチコロのシナリオ（お見せできず残念）のひな形はこの時代に完成した。しかしこういうインテリジェンス漂う演出は、70年代に入ってエロ本化すると同時にすっかり前時代的なものとなってしまう。〈Cavalier〉

Nobel 小説

低俗小説＝パルプフィクションと揶揄されたペーパーバッグのような小説の読み切りも人気ページだった。テーマはセックス＆バイオレンスが織込まれたミステリーものや官能小説がほとんどで、多くの雑誌に掲載されている。

扉イラストが挿絵の枠を超えて雄弁に内容を語ってしまっており、少々ネタバレ気味でもあり。つい開いたページにそそられた奥方が、旦那の寝ている隙にこっそり読んだりしていたのかもしれない。〈Sir Knight / Adam ほか〉

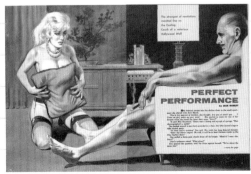

Interview インタビュー

60年代初頭当時はまだそこまで有名ではなかったスポーツ選手や俳優などのインタビュー記事が掲載されていたりする。それだけでも資料的な価値があろう。

この記事の主人公であるカシアス・クレイと名乗る黒人ボクサーは、このインタビューの数午後 WBA・WDC 統一世界ヘビー級王者のソニー・リストンに挑戦し勝利、リングネームを改名する。「モハメド・アリ」と。これはかなり稀少なセッションだ。〈caper〉

すでに大スターの階段を昇りつつあっただろうスティーヴ・マックィーンも登場。よくぞこの手の雑誌のインタビューを受けたなあと感心するも、当時はそれだけこれらのアダルトマガジンに影響力があったという証拠なのかもしれない。記事タイトルの Rebel with a cause は『理由なき反抗』のパロディ。〈Adam〉

Profiling プロファイリング

当時米国でも急増した"空の交通事故"ジェット旅客機墜落の原因や悲惨さを検証した記事。ヌードや芸能記事に留まらず、このような社会問題まで扱うところを見るに、ある意味現在日本で売られている週刊誌のオリジンではないかとも推言できる。〈Sir Knight〉

Topic トピック

「何にでも乗れる男」の異名を持つロデオの名手ジャック・ハートキー氏がカバに乗って
みたらどうなったか、というだけの記事。3ページも使って分解写真で追っているバカバ
カしさが素晴らしい。TVで見かけるお笑い芸人の罰ゲームの始祖かもしれない。〈caper〉

HI-HO HIPPO

Cowboy Jack Hardtke boasts he can ride anything. The twenty-year-old buckaroo
starred in rodeos before taming such odd mounts as camels and ostricha. He became
the first hippo rider because of his job as head wrangler at the Gene Holter Ranch
in Bloomington, California. Holter, a successful promoter of travelling animal
shows, didn't believe hippo-riding possible. "If Nella got a notion to charge," he says,
"Jack's weight on her back wouldn't mean a thing." (Nella's nine-foot back is im-
pressive. A saddle had to be made for her length and girth.) But Jack sees Nella philo-
sophically, "As long as she doesn't fall on me, it's only a three-foot drop to the ground."

If you'll try anything once, try a 1400-pound hippo called Nella.

Art & literature 芸術・文学

　バランスを取るためか、雑誌にそぐわない文学小説
や論文が必ずといっていいほど掲載されている。そし
てそれらの挿絵のクオリティがやたら高いのだ。ファ
インアートありPOPアートありと、カットといえば
アニメ調かヘタウマのどちらかのような現在の日本の
雑誌と違い、クールなトーンで芸術性に溢れている。
はたしてヌードグラビアを求めて買う読者がこんなア
カデミックなページに眼を通したのかは甚だ疑問だ
が、誌面を引き締め格調高いものにしていることは確
かだ。〈Gent / NUGGET〉

Advertisement 広告

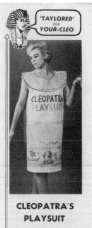

相当数の読者がいただろうアダルトマガジンは広告も百花繚乱。あんなものからこんなものまでと、さすがは超・消費大国の最盛期である。

最も多いのがこの手のセクシャル系商品の広告。まだホームビデオがなかった時代ゆえ、8ミリのアダルト映画が多く販売されていた。また、掲載誌がすでにそうなのに、その誌上でさらに写真や本を売ろうとは……。

この頃からすでにコスプレ用のアイテムが。にしてもなんとニッチな……。

こちらはいわば"タレント性を伸ばす系"。縮小画像を紙に投影することであなたも写真的な絵が描けるようになりますよという商品。なのでこれがないと描けないし、あれば誰でも描けちゃうという話（笑）。

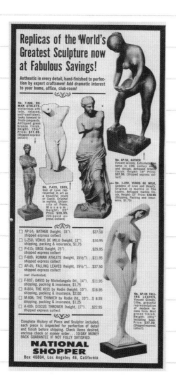

有名彫刻のレプリカは結構安価でビックリ。結局は邪魔になって玄関あたりで帽子掛けになったりしたと推察。

付け髭のみならずもみあげもあります。でもいったいどういうタイミングで使うのだろうかコレ。

こちらも少年誌でよく見かけたアイデア＆いたずら商品。ここが発祥だったか。

肉体のビルドアップ広告は、男なら誰しもがちょっと目を留めたりしただろうが、その大半がテキストのようなものが送られて来てハイこれ読んで頑張ってねというようなものだったようだ。我が国でもその昔、マンガ雑誌の後ろの方で似たようなものをよく見かけた。

Caricature 漫画

ひとコマ漫画は全誌に漏れなく載るコンテンツ。もちろんテーマはほぼ全篇がセクシャルで画力もピンキリ。これらアダルト雑誌だけで食べていたような売れっ子画家もいたようで、僅かながらだがここから他の媒体へと羽ばたいて行った作家もいる。

「あら市長、どうして急にお髭をお生やしになったのかしら」

「ホラ、急いで探して！ 旦那が来るワ！」

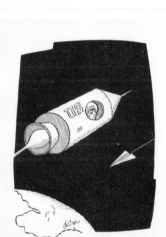

ミッドセンチュリーは宇宙時代（スペースエイジ）。スペーシーなネタもしばしば見かける。

「お入り！」

「ちょっとデッキに出て島を見なさいな！ ロマンチックな気分に浸りたくなくって？」

こうして見ていると、当時の雑誌はつくづく時間とお金を費やして作られていたのだなと痛感する。そして編集者たちの得体の知れない熱量。これが今とは圧倒的に違うというのが同業者としての率直な感想だ。もちろん今だって懸命に編んではいるだろうが、制作にある種のルーティンができてしまっている今の現場では、こんな奔放な誌面はまず作れまい。なんていうと、それは現在のあらゆるプロダクトに当てはまってしまう。カルチャーの終焉というのは「停止する」ということではなく、動きながらもやって来るものなのかも。「昔はよかった」とばかりも言っていられない。

REVIVAL Story

東京行くなら都下へ行こう！

＜江戸東京たてもの園＞

「東京に遊びに行った」という人の話を聴くと、
概ねが都心の話でまとまっている。「あーあ」と思う。
都外から目指す人のほとんどが、都心部の繁華街や件の高層タワー、
隣県の外資系テーマパークに行ったりしているだけ。
それらは "鉄板コース" なんだろうが、
出身者からすればお金と時間をかけてやって来て人ごみに揉まれるだけという
誠にもったいない行為に見えてしまう。なぜなら東京のウマ味は、
23区外＝都下や多摩地区と呼ばれる真ん中あたりから
西側のエリアにこそ詰まっているからだ。その "東京の左側" の魅力のひとつ、
『江戸東京たてもの園』を紹介しよう。

小金井市にある『江戸東京たてもの園』には、一度解体し移築復元された東京の古い建物が、まるで小さな街並のように再現されており、その様相はさながら「建築物再評価パーク」の体。江戸末期から明治大正昭和と建物の年齢はまちまちなのに、フシギと統一感があってタイムスリップ感にスッと陥ることができる。建物に限らず古物やアンティーク好きならば一度は訪れたい知る人ぞ知るパティナ趣味人の巡礼地なのだ。

当園は３つのゾーンに分かれており、西にはさまざまな様式で建てられた家々が、そして東には下町の商店などが主に移設されている。詳細は入園時にくぐるビジターセンターで配布されるパンフレットに任せることにし、物件の紹介を急ぎたい。

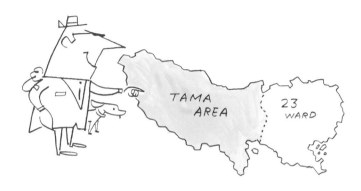

■ 田園調布の家（大川邸）

この家は FLAT HOUSER の筆者にとって園内ベスト３にランクインさせたい物件。大正時代に建てられたとは思えないモダンな色使いと外観は、平屋ファンのみならず魅了されるはず。

広い窓とグリッド状のトランザム（明かり取り窓）から陽差しがたっぷり降り注ぐ居間。腰窓下にL字に造り付けられたソファベンチにははっとさせられた。

写真で見ていても「音」や「匂い」や「温度」が伝わって来る書斎。床の艶がいい。

天井まで造り付けられたキャビネットに清潔なフローリング。ここのキッチンには当時の日本家屋の台所とは無縁だった清々とした明るさがある。当時の人々はさぞかし驚いたに違いない。

木製キャビネットの流し台のトップに使われているのはどうやら銅板。人研ぎ石のシンクが主流だったはずの当時としてはこれまた新しかったことだろう。

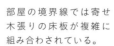
部屋の境界線では寄せ木張りの床板が複雑に組み合わされている。

中流層向けとして建てられた住宅ということだが、この玄関を見る限りとてもそうは思えない。郵便受けの位置が面白い。

バスタブまで真っ白いタイルで構成された浴室には、洗面台付の脱衣室が付く。約1世紀前にしてすでに現代住宅の同部分と同じ構成だ。

床下通気孔のアイアンケージのデザインがまた凝っている。復刻して欲しい。

パーゴラが設えられた中庭へは寝室のみから出られる。決して広くはないものの、贅沢なスペースに映る。

玄関灯をくわえるはカワセミかキツツキか。こういうウイットは住宅から見事に消滅した。

■ 前川國男邸

書斎デスク上に鎮座するは SONY の『マイクロテレビ』。当時のデザインに携わる者にとって同社は現在の Apple 社だった。

日本のモダニズム建築のゴッドファザー前川氏の私邸は昭和 17 年築。合掌造りを思わせるような大きな切妻屋根のファサード（正面）が美しい。前出の大川邸に比べると伝統的な少々重たいルックスだが、それとは裏腹に屋内はとてもモダンで潔い。

家の中央に位置するリビングは 20 畳以上はありそう。仕切りを排除しテーブルセット 3 組を悠々と配置する大胆な構成は、現在でもかなりモダンな意匠といえる。

玄関から真っ直ぐ進むとある書斎は「落ち着いた空気が漂う」の一言に尽きる。ここに来る度に、昔よく流れていたインスタントコーヒーの CM をどうも思い出してしまう。昭和生まれならおそらくご同感いただけるかと。

ドロワーが仕込まれたクローゼットの横に佇む洗面台には意表を突かれる。シンク下が木床のため漏水腐食が心配だが、この整然さを見ればそれも解消。円筒形のシーリングライトがよく似合う。

庭に面した壁がカーテンウォールになっているおかげで明るく、借景がそっくり部屋に入って来る。鉄筋ならばいざ知らず、木造での帳壁の造作は相当な匠の技を要したのではないか。

玄関から延びる廊下。戦時中に建てられた家という空気は感じられない。それでいてどこかノスタルジックなのだから不思議である。

太陽光の入り加減がジツにちょうど良い寝室。しかし、床といい出窓といいつくづく質の良い材が使われている。自分で家をいじるようになるとその痛感度が増す。

中二階のようになったロフトへ上がる階段の下にもあるラジエータ型ヒーターは全室に完備されている。

居間北側に置かれた4人掛けテーブルはよく見ると台形。同氏によるデザインだそうだが、いちいち凝っている。

ホーロー製スタンド型ガスレンジがぱっと眼に飛び込んでくるキッチンは一見米軍ハウスのようにも映る。その隣にある大きな機器はボイラーで、これで湯を賄っていた。いつ頃までこれを使っていたのかが気になる。

隠れた目玉はこのバスルーム。モノトーンで構成されていてとてもクールだ。バスタブ、トイレポッド、水洗タンクはデザイン・質感共に◎。適当な広さながらワイドな窓には開放感がある。ここだけでも欲しい。

オーバルに抜かれたシンクに付くカランのハンドルはセラミック製。アイアンのメディスンケースが埋め込み型というのもなんとも素敵。

■ その他

何やらコージーな和室に畳まれた布団が一式。さて問題、ここはどこでしょう。現地に赴いて当ててみてください。

ここのおススメはかの内田百閒も通っていたという台東区下谷にあった居酒屋『鍵屋』と、千住にあった銭湯『子宝湯』。これらはしばしば散歩に訪れるという宮崎駿氏に映画『千と千尋の…』のヒントを与えた下町中通りにあるのだが、特に前者は筆者のお気に入り。"にこごり"で一杯やりたかったー。

疲れたら明治時代に新宿に建てられた洋館、デ・ラランデ邸内にある『武蔵野茶房』で一服。歴史的建造物内で喫茶できるというのもまた稀有な体験だ。(こちらは西ゾーン)

青梅市にあった『万徳旅館』の軒先から昭和8年築の港区白金『小寺醤油店』を臨んだ景色が実に趣深い。もちろん当時では絶対あり得ないアングルである事は言うまでもないが、こんな感じの風景が戦争直前まではあちこちで見られたわけである。もったいないことをした……の一言しかない。

【江戸東京たてもの園】

東京都小金井市桜町 3-7-1 (小金井公園)
042-388-3300 (代表)
※来園の際は事前に公式ウェブサイトやTwitter等で最新の情報をご確認ください。

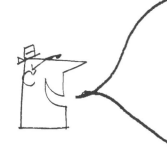

東京のおよそ3分の2を占める都下／多摩地区には米軍基地の跡地なども集中しているため、23区内にはない物理的余裕があって面白い施設が目白押し。また地価の低さや環境のよさから美大やアニメ制作会社などが点在し、画家や漫画家、イラストレーターやデザイナー、写真家や音楽家などクリエイティブな職に就く人も多く住んでいる。そしてそんな空気を反映して独特な暮らし方を悠々自適に楽しむ人が多いのも特徴だ。よくよく考えれば多摩地区こそ他府県にはないエリアではなかろうか。2回目の東京は、ゼヒ都心の喧噪を離れて懐の深い都下を訪れていただきたい。

REVIVAL Story

木造2階建ての校舎を再生

＜旧門司文化服装学院＞

北九州市門司にかつてあった洋裁学校『門司文化服装学院』の
旧校舎が今回の主役。戦後すぐに建てられた木造2階建てで、
現在は K さんが滞在型オフィス兼イベントスペースとして再利用している。
そこがついに売却されてしまうと聴き、急遽取材に赴いた。

門司港駅の東、関門橋の南に位置した住宅街。その緩い坂道の中腹に建つ赤茶色の下見張り木造2階建ては、明らかに周囲の家屋の中にあって浮いている。しかしこの佇まいの醸す空気こそがこの住宅地本来のものだったはずで、そのシルエットに往時が偲ばれる。にしても電柱が邪魔……。

白い外壁の建て屋は増築部分。高度成長期を迎えて生徒数が激増したのだろう。外壁はモルタル、赤茶色の本舎よりもややモダンな意匠になっている。

重たい木の引き戸の玄関が格調高い。戦後間もない頃の空気がまだ現世化していなかったことを表している。

頓狂なところに付けられた玄関灯はおそらく昭和40年代以降に後付けされたものだろうが、今となっては建物になかなか馴染んでいる。

窓の面格子は木製。その下の小窓はおそらく掃き出しではないかと推測。軒天には通気孔＝ベンチレーションが付いている。素晴らしい。

ガレージ脇の塀に使われている灰色のレンガは、博多界隈でもしばしば見られる鉱滓煉瓦という材料。鉄鋼精錬のときに鉄鉱石から出る不純物＝鉱滓を固めて焼き直したものだそうで九州特有のものらしい。

東側には2台分のガレージが。ここも昭和40年代以降のモータリゼーションの波を受けて後付けされたに違いない。

こちらには点灯するプラスティック製の行灯看板が。それでも随分と年季が入っている。学長や校長ではなく「院長」。

玄関は古式ゆかしき「日本の木造校舎」の風情。木製のスノコに一旦上がって上履きをどうぞ。

木造2階屋とはいえさすがは学校、ワンフロアで40畳はありそう。往時ここで何人が学んでいたのか、そこをひとりで使用するKさんのなんと贅沢なこと。

イベントの際はドリンクカウンターが出現する部屋の東側、その奥は台所。椅子や机は学校の備品をそのまま流用。大勢ゲストが集まっても心配なし。

なんとカワイらしいスピーカー。「○○さん、針箱をお忘れです」なんて校内放送が流れたのだろうか。学校然としている。

放送機器もカワイイ。ガリ音が立ちつつも電源を入れれば今もキチンと稼動するとのこと。

大型の扇風機は奥の間にあったものを柱に取り付けた。夏季は大活躍。

西側を臨んだ景色。このひんやりとした薄暗さが何ともいえない。新築では再現不可能。

階段前の収納の上に足踏みミシンの本体だけが埃を被って所在なげ。どうやらKさんが入居する前に骨董屋が来てテーブル部分だけごっそり持ち去ってしまったのだとか。

窓外から面格子に絡み付いた緑がこちらを覗いている。ミシンの軽やかなリズムにのせて女学生の鼻歌が聴こえて来そうだ。

階段下の台形の扉を開けると清掃用具が入居中。残念ですがみなさんそろそろお引っ越しのご準備を……。

冬季は相当冷えるのだろう。夏にも片付けられることなく肩を寄せ合う暖房器具。

玄関正面の階段は横に窓があって明るく足取りも軽やかになる。こんな階段もおそらく大工が現場で作ったのだろう。

トイレ横の洗面台は人研ぎではなくコンクリ成形で作られたもののよう。リメイクされたと思しき窓が完全に歪んでしまっている。木造古家あるある。

キッチンでなく「台所」。いくつかある中でこのタイル張りの台所が採光も雰囲気も一番良い。

2階

このショートスパンの階段の向こうは白いモルタル壁の建て屋。坂に建っているため本舎との高さが違ってしまったのだろう。

2階も天井にはグリッド状に桟が入っている。採光が良い分広く感じるが面積は1階とほぼ同じ。経年変化した床がとても味わい深い。

本棟とはまた違った雰囲気の増築棟は窓も多く更に明るい印象。正面のキッチンユニットはKさんが設えたもの。その上にはかなり古い室外機一体型のクーラー（エアコンではなく）が付いている。

Kさんが普段使いに使用している部屋。冒頭（P103）にあった窓下に小さな窓が付いていた部分に当たる。個人的には一番好きなエリア。

雑草にすっかり囲まれてしまったキャンプ用テーブルが見える中庭。立ち退きが決まってからすっかり手入れに意欲がなくなってしまったとKさん。空が虚しいほど広い。

少々お掃除不足ではある洗面所も部屋としては抜群。高めのスツールにでも座ってしばらくくつろいでいたい気持ちに駆られる。

Kさんの寝室ドアに付く緑青が浮いた真鍮のノブは、子供が握っても余るくらいのミニサイズ。こんな小さいものは初見。

「古い物を壊さず再生し活かす」が当書の本流に流れるスピリッツだが、それを実践する人々は他の都市よりも九州には多く存在するように感じていた。門司で生まれ育ったKさんもそのひとり。彼がこの建物を見つけ移ったのは2012年のこと。月額5万円という低賃料もさることながら、最も魅了されたのはほぼそのまま残る当時のディテイルに他ならなかった。しかしこの建物もすでに解体されてしまっている。建具や床板などは予めサルベージしたようだが、購入した人間のセンスや損得感情だけでこういった建物の命運が決められてしまうことには大いに異議を唱えたい。"街並"は誰かの私的理由で崩したりするべきではない。

暮らしに古物を！
Patina In my Life
vol.04

【エンスー軽自動車】

「エンスー車」とは希少な旧車を指す俗語。我が国だけの規格である軽自動車はどうも見下されがちだが、クルマとしての面白さでいえば普通車よりも断然上。思い切ったコンセプトに斬新なデザイン、市場もジツに活き活きとしている。その上税金は安い し燃費も良く、小柄な日本人と狭い市街地に見事にフィット、理に適っているではないか。特に昭和の軽自動車にはお人好しなマスクが多く好感が持てる。これらを見ればあなたも中古軽自動車に必ずや乗りたくなるはず！

Honda Today JW1　ホンダトゥデイ JW1

先ずは筆者の愛車から。セカンドカーとして福津の中古車ショップで20万で購入。以前この3期型を友人のために選んで、同乗しているうちにむしろ自分が欲しくなってしまった1985年のクルマ。回転半径が小さくとても運転しやすいが、車高が低いため、時にゴーカートに乗っているような気分になる。

サイドビューがジツに欧州的にスマート。商用車として作られたのに、なぜか発売当時はトレンディ女優を起用して「女のコが乗るおしゃれな一台」的 CM を打っていた。今見るとそういうフェミニンさは見当たらず、フォルムもどちらかといえば男性的に映る。

FIAT 社の『LITOMO』のデザインからインスパイアされたといわれるエクステリア。ボンネットとバンパーの間にめり込んだヘッドライト処理を見ると、もうほとんど異母兄弟（笑）。こんな面倒なデザインは今なら企画段階で却下されることだろう。

バンパー上にレイアウトされたリアランプも
LITOMO 似。スッキリとまとまってはいるけ
ど、似過ぎ（笑）。

ハッチバックを開けると出現するラゲッジスペースには、折りたたみ自転車と燃油缶がスッポリ。リアシートの背もたれを倒すと更に広くなる。

天神の軽自動車専用のコインパーキングの中でも、更に一番停めづらい所にスンナリ入庫。繁華街に入ればこのサイズは特なことばかり。

コックピットのデザインは今の自動車に比べると随分直線で
構成されている印象。車幅が140cmとかなり狭いはずだが、
成人男性が2名乗ってもそう心地悪くない。視界も良好。

スピードメーター内にある小窓で輝く LED はギア状態を表示している。可愛らしい星マークは発進時に使う。OD はオーバードライブの意だろう。

この軽を超越したフロントガラスを1本のワイパーで賄おうとするところに設計者の意気込みを感じる。

助手席の前には厚みも奥行きもない狭小トランクが。たたまねば車検証すら入らないというご愛嬌っぷり。

ダッシュボード奥には LED のデジタル時計が。世代的にこのグリーンの LED を見るとアーケードゲームを思い出す。鳥肌が立つほど懐かしい。

計器はスピードメーター1個のみ。そのためコンソールもコンパクトでジツに潔い。

エアコンルーバーのこの面倒くさいデザインに注目。ヘッドライト同様、今のクルマなら先ずやらないだろう。

SUZUKI gimmny SJ10 スズキ ジムニー SJ10

初期のスタイリングはまさにミニジープ。軽自動車初の本格四輪駆動オフロード車で、日本の狭い林道を駆れるように美しくダウンサイジングした日本のお家芸的な一台。軽の利点をフルに活かした質実剛健さと可愛いルックスから、たくさんのファンを掴む超ロングセラー車となった。海外での評価も高く、特にこの初期モデルにはスズキにバトンを手渡した開発メーカー『ホープ自動車』の製作者の強い意気込みを感じる。この車両は1970年発売初期型の最終版。1980年製。

スペアタイアを背負ったリアはほぼ正方形。なんとも愛らしい。

ボンネットにサポートロッドがないため、エンジンルームを見るときはこのようにガパッと開け切らねばならない。

ボンネットはこんな金具で留めてある。以前これを新品に交換した際 走行中 振動で緩んでしまい、ボンネットが風に煽られ そっくり開いてしまったことがあったのだとか。くわばらくわばら。

片観音のドアを開けるとたっぷりなラゲッジスペース。オーナー寺田さんの仕事道具も気兼ねなくざくっと入って頼もしい。

フロントグリルの打ち抜きの社名が大胆。ここまで大きいと乗るのが田中さんや佐藤さんだったらちょっと…という気もしないでもない。

昔のドアロックは大抵こんなふうにゴルフのティーのような形をしていた。

ドアが開き切らないようにヒンジの上からナイロンベルトが付けられている。よく残っているなあ。

この丸い打ち抜きを見ると70年代に流行ったHeavy dutyという語を思い出す。

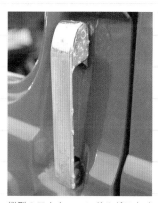

縦型のアウターハンドルがスタイリッシュ。こういう部分にも手抜かりがなく、乗る側をキチンと"その気にさせる"配慮がある。

なんともぶっきら棒なラジオチューナーだが、よく見ると良いデザインだ。クラリオン製。その下にあるのはチョークのノブ。前出のマイカーにも付いてます。

このスパルタンなコックピットにわざとらしさは皆無。ただただ鉄板を抜いて曲げて作りました感に溢れている。ハンドルの細さに昭和の空気を感じはしまいか。

ゴーグルのような窓にレイアウトされた計器類もメカニカルでカッコイイ。このカンジが今のクルマにはないのだ。

エアコンはなくクーラー。ミニにもよく付いている吊り下げタイプの後付け社外品。

いかにも「シフトノブです!」という居住まいのシフトノブ。短い方は4WDに切り替える際のトランスファーノブ。

こんなマニッシュなクルマのオーナー寺田さんはスタイリストを生業とする女性。知人の写真家の愛車だったこのジムニーにひと目惚れし、20万で譲り受けたのだとか。そしてこれを駆るためにマニュアル免許を取り直したという入れ込みよう。仕事の道具もしっかり積載できるし、何より乗っていて楽しいという。このクルマならば大いに共感できる。美女と"カワイイ"野獣といった趣きだ。

HONDA LIFE STEPVAN
ホンダ ライフステップバン

オーナーである造形師のとりいさんは米軍ハウスをセルフ改修しアクセサリー工房にした『DOOZIE RAG』の主宰者で、荷物がたくさん載る旧車が欲しいとこの車種を物色していた。そんな中ネットオークションで発見、手頃価格と出品が福岡市内からだったこともあって即決。現在主流の軽トールバンの先駆けとなったこの自動車は昭和48年生まれと今回一番の年長車。とりいさんはアトリエ同様自らで手を加えながら日常使いしている。スバラシイ！

丸眼の上にちょこんと載ったウインカーが眉毛のよう。何か話しかけて来そうなほど人間味に溢れたマスク。

ネームプレートのレリーフにはどこか威厳がある。この頃の銘版には高級感とは別に作り手のプライドが感じ取れるものが多かった。

狭小のエンジンルームにかかわらずこのスカスカっぷり。こんな部分にも愛おしさを感じてしまう。

「新・商用車」と銘打たれただけあってラゲッジスペースは広い。床も低く高天井、広告にはバイクを載せている写真も。当時のデリバリー軽としては革新的、この辺りも現在の軽ワゴンに大きな影響を与えている。

こうして見るとつくづく現在の軽ワゴンのひな型たるスタイリングをしている。コストダウンから前後左右のドアを互い違いに同じ形にしたという説もあるが、そんなところも現在的。ゼヒこのまま復刻させて欲しい。

テールランプも小さめでバランスもレイアウトも良し。今のクルマにはこのリアビューが不細工なものが多い。

112

ダッシュボード中央に集合させた計器類のレイアウトがまた斬新。手前の黒い四角いものは灰皿。この配置も面白い。

後付けのスピーカーはオークションで探した70年代製。クルマの年齢に極力合わせたという努力には強く共感。

ハンドル裏の広くフラットなダッシュボードは、この上で伝票や書類が書けるような配慮から。天板を開ければ助手席側はトランクになっている。

空調類のノブはインダストリアルというよりSFチック。60〜70年代に流行したスペースエイジの間接的影響だろう。

ダッシュボード脇に見えるはペンホルダー。これこそ今のクルマにまずない装備。

窓ハンドルもまた然り。このSF的雰囲気はこのあと工業製品からどんどん消えてゆく。今はこれが何かさえ判らないコドモも多いのだろう。

昭和の軽自動車には明らかに今のクルマが失った something else があった。燃費やユーサビリティも大事だが、乗る楽しさを感じるものや車両に愛情を感じられるものを選ぶべきなのだ。乗り手がそれをやめてしまったため、現在のような若者のクルマ離れも始まったように思う。まだまだ好コンディション車両が低価格で買え、見ても楽しく日常使いにも耐える旧軽自動車に乗るという選択は、かつてのクルマの持つダイナミズムを追体験できる手段として最も手軽で有効な方法である。

REVIVAL Story

全国文具ファンの聖地

＜中村文具店＞

東京は武蔵小金井にある昭和当時の文房具を置く
全国文具ファンの聖地《中村文具店》。
2016年から新店舗に移った同店には、
週末ともなれば首都圏だけでなく
全国各地から懐かしい文具の匂いを求めて
老若男女が集まってくる。

現店舗の築年数は半世紀以上、有名なカーレー
サーが自邸として建てたという住宅を購入して
コンバートした。斜面に建っているため2階が
地上階、1階部分が地下で屋上付きという当時
としてはめずらしい3階建のコンクリート造。

　見るものといえば高層ビルやタワー、テーマパークやショッピングモールといった商業施設ばかり。古き善き時代の街並をスクラップしてすべてを鉄筋化させてしまったかに見える都心部には、もう企業発信の建造物以外東京の名物といえるものが見当たらなくなってしまった。しかし中心から少し視線をずらせば、まだ個人が頑張って運営する面白いスポットがかろうじて残るエリアがある。JR 中央線で新宿から 30 分足らずアクセスできる武蔵小金井駅（小金井市）もそんな街のひとつ。P96 で紹介した《江戸東京たてもの園》やスタジオジブリなどもある同市には、《中村文具店》という昭和の古い文具のデッドストックが映画のセットのように並べられている店がある。

現店主の祖父で創業者。1950年代の写真だが今でも通用するカッコよさ。背後の街並も、当時の東京都下がまだ牧歌的で個人商店が駅周辺を支えていたことを窺わせる。

創業は昭和 9 年。初代店舗は駅を挟んで現店舗の反対側＝北口にあった。

駅前再開発のため建て替えとなった旧店舗のストッカーから大量に出てきたデッドストック文具を販売するため、自宅のガレージ横の部屋をコンバートして 2010 年にオープンさせた前店舗。週末のみの開店にもかかわらず、話題を呼んで全国から人が訪れる店に成長した。

先述の2階部分が地上階＝店舗になっている。
あまり多くは語らないので、古文具サンクチュアリを
とことんご堪能あれ！

■ 店舗 shop

木製引き戸を開けて入ると目に飛び込んでくる景色。
並ぶ鉛筆とノート、筆箱に水彩絵の具セット……ここ
に踏み込んでタイムスリップしない昭和育ちはいない。

縦列トグルスイッチで店内灯の集
中制御。ひらがなのダイモはレア。

右が出入り口。正面の青いドアは2階へ、左の引き戸は地下へと続く。

床にはジオメトリックなパターン
が。この店舗部分はガレージとし
て作られたらしく、スリップ防止
としてではないかというのが3代
目店主・中村研一さんの予測。

横断幕など当時の POP もきちんと揃えられて
いるところが中村文具店への支持が強い一因。

このアングルはもう昭和 40 〜 50 年代の文具屋である。

写真を改めて見ると、こんな商品もあったのかという
再発見がこの店では毎度ある。

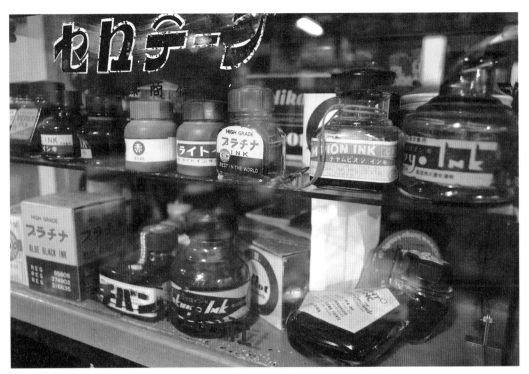

街中の文具店でもとんと見なくなったインク瓶。今も使
用されているニチバンのセロテープのロゴもこんなふう
に見ると郷愁感が湧く。

恭しく並べられたハイクラスのシャープペンシルをこんな
ふうにウインドウ越しに眺めていると、小6〜中1くら
いの多感な時分の感覚が蘇る。

現店主のセンスで並べているはずなのに、昔日の文具店の
雰囲気をとてもよく感じさせるのはやはり血統なのだろう。

文具ファンのみならず一般の母子や父子、家族連れも代わる
代わる入店してくる。小学生が「懐かしい」みたいなことを
呟いていたりするのがまた面白い。

陳列棚がガラスショーケース以外すべて
木製ということも、この店に入ると言い
知れない懐かしさに包まれる一因だ。

パンチひとつとってもいろいろな種類があ
る。良きにつけ悪しきにつけ、昭和は本当に
バラエティに富んだ時代だった。

パソコンの繁栄でどんどんなくなっていった文具のひとつがハンコ類だろう。ここではほとんど売れない商品だろうが、大事なバイプレイヤーだ。

鉛筆だけは見たことのないラベルのものが並ぶ。紙箱に入る以前の戦前のものもあるというから、それもそのはず。それにしても美しいパッケージだ。

日暮れと同時に閉まる店が多かった文房具店だが、中村文具店は 20 時まで営業。このまま文具バーとして再開店して欲しいような気も。

次ページからは店舗以外の部屋をクローズアップしていこう！

レーサーだった施主が1960年代に建築家に建てさせたという建物が現在の中村文具店。高台の斜面に建っているため、2階部分が地上階で1階部分が地下階、3階部分が2階という構造になっている。先述したように1階は店舗、地下と2階がプライベートな空間になっている。

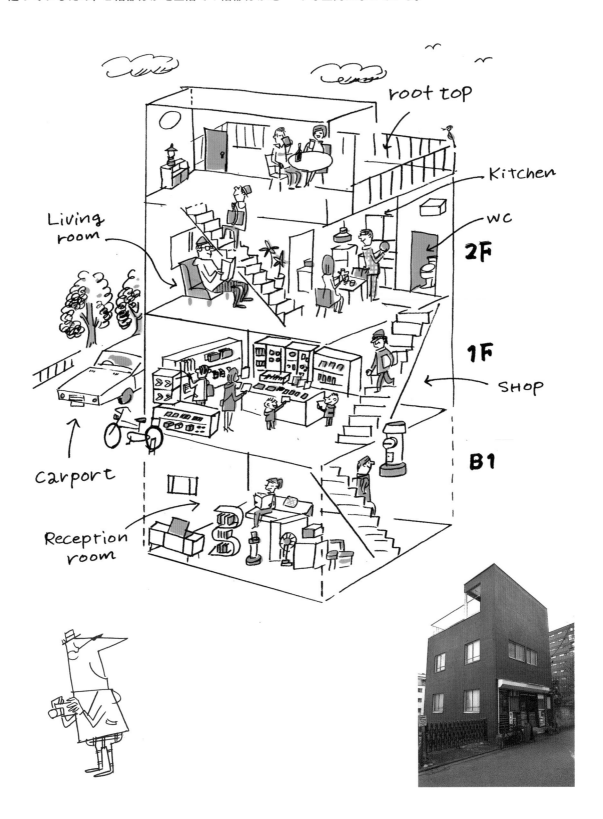

■ 地下階 basement floor

下りきると骨董品やジャンクがお出迎え。飾ってあるのか置いてあるだけなのか、中村文具店らしい。

地下に下りる階段はコンクリート製。頭上には円筒タイプの郵便ポストが。大丈夫、ハリボテです。

奥の間には革製ソファと木製キャビネットのオーディオコンボ。手前の部屋と違ってゆったりと配置されている。

コンクリート造りにレトロポップなキャビネットやテレビがよくマッチしている。たまにここで友人を呼び疑似カフェをやったりしているそうだが、ゆくゆくは本格的にする予定だという。楽しみ！

2階にはキッチン、リビング、トイレそして浴室などの水廻りが控え、この階だけでとりあえずの暮らしができるようになっている。

■ 2階 second floor

壁に飾られた西友の旧ロゴ入り包装紙は、今見るととてもいい。関東育ちの筆者としてはとても懐かしい。同年代の中村さんが額に入れるのもよく判る。

幅1mに満たない狭い階段には鉄製のしっかりした手すりが付設。階上に見えるはトイレの扉、左に入ると居室となる。

居室のスペースを広く取るためか、トイレはかなりの狭小。ポッドは斜めにレイアウトされている。落水式の水洗タンクがレトロ。

これまた狭小なバスルーム。この時代は比較的在室時間が短いトイレも浴室も犠牲にするスペースと考えられていたのか、平屋でもこういうケースがしばしば見られる。

階段から入るとまずキッチン。決して広くはないが南向きの窓に船底天井など、とてもコージーなスペースになっている。左端に見えるのはリビングのドア。

2面採光で明るいリビング。敢えて残した壁紙や床のCF材は中村さんのインテリアとマッチした。

夜にはムーディなラウンジの顔に。往年のソウルミュージックが鳴り響けば、そこはもう昭和40年代。

■ 屋上 rooftop

更に上階へ行くと屋上が広がる。夏季には
テーブルを出してビールをグラスに注げば、
プライベートビヤガーデンに早変わり。

見晴らしも良好。高い建物が少ない多摩地
区は空が広い。向こう側は味の素スタジア
ムや東京競馬場などがある調布・府中方面。

3代目の研一さんは、今や小金井の顔のひと
りである上、文具ファンの間では知らぬ者は
いないほどの有名人だが、そういう気負いは
まったくない。この日も文具を買いに来た小
学生の要望に一生懸命応えていた。

愛車は1960年代製の
アメリカからの逆輸
入車 DATSUN510 ワ
ゴン。営業車として
も活躍していると
いうからすごい。

平日はこれにまたがり事務用
文具の卸売り業に精を出す現
店主。曲ることなくスタイ
ルを貫いている。

[中村文具店公式 WEB サイト]
http://nakamura-bungu.com/

暮らしに古物を！
Patina In my Life
Vol.05

【レトロ鉛筆削り】

　そのスペックや構造を見ると、鉛筆削り器の歴史は日本の産業の変遷にも重なる。終戦直後は本体にベークライトと呼ばれる樹脂を採用したものが登場し、昭和30年代には金属製のものが主流となる。そして昭和40年代に入ると手回しから電動のものへと推移してゆく。

　このように、シロモノ家電さながら、子供が使う鉛筆削り器にもスペックや駆動方法のシフトが工業界の変遷と同期するように見られるというのはジツに興味深い。

終戦直後の昭和21年に生産販売を開始したトンボ鉛筆社製鉛筆削り器は、ボディに描かれた文字も欧文のみ。米国 BOSTON の鉛筆削り器を参考にデザインされたように見える。

ベークライトはフェノール樹脂の別名。その耐久性の高さから、1940年代あたりから工業用パーツに広く用いられた。昭和20〜30年代にはベークライトを使用したカラフルな鉛筆削り器が普及した。本体中央の金属ツマミを引っぱると削りカスが出て来る構造。

昭和30年代後半から金属製のボディに塗装を施したタイプが登場。あっという間に主流となり、このメタルボディの手回し削り器はしばらく王座に君臨する。このコーリン社製の一台は典型的なデザイン。配色も中間色のブルーグレーとは渋い。

こちらの同じトンボ社製は、ダストケースが大さくボディ下半分がスケルトンという斬新なデザイン。コーリン社のブルーグレーからほんの数年でここまで進歩した。

昭和40年代に入るとモダンデザインの波が文具界にも押し寄せる。削りカスを溜めるダストケースもスモークになり、ボディカラーもビビッドなカラーが採用される。世は「モーレツからビューティフルへ」の時代だった。

銘板が剥がれているためメーカーは不明だが、お
そらくステープラー（ホチキス）で有名な MAX 社
のものと思しき一台。ダストケースが前からでは
なく横スライドで引き出るタイプ。すっかりくす
んでしまっているが、新品当時はボディのコバル
トブルーがさぞ鮮やかだったろう。

横スライドのケースや鉛筆を差し込む周辺のフォルムから、コバル
トブルーの後継モデルと思われる MAX 社の一台。アイボリーとオレ
ンジのコンビがジツにポップ。ほかにも色違いがたくさん出ており、
コレクターズアイテムとなっているモデルだという。

ケースにはモデル名と
スペックのレリーフが。
自信満々に JIS マーク
の刻印も入っている。

40年代も中盤に入ると人気キャラクターがプリントされたものが目立つようになる。このファンシーな削り器は水森亜土のイラストが全面的にフィーチャーされた一台。超が付くほど人気だった彼女のイラストは、当時あらゆるものにプリントされていた。

アシンメトリ（非対称）のフロントも、彼女のイラストファンのおませなティーンを満足させるモダンなデザイン。

アメリカの鉛筆削り器

 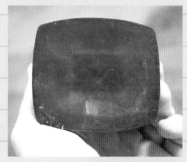 

日本の鉛筆削り器に多大な影響を与えた米国の製品は、とても無骨。底部には固定用の分厚いラバーが履かせられており、削りカスは本体内部に溜めるギミック。配色もいかにも事務機といった中間色でメッキパーツも多い。子供向けファンシーグッズへと推移していった日本製品と違い、オリジナルデザインを色濃くキープしてる。その分インテリア性が高く、80年代にはそのオーセンティックなデザインが再評価された。今ではインダストリアル系と呼ばれる工場調インテリアファンにも愛好され、オシャレな雑貨店の文具コーナーには必ずといっていいほど並んでいる。

昭和40年代後半になると市場は手回しから電動へとシフトしてゆき、自動化の時代が到来する。コンセントという尻尾を生やしたことで、鉛筆削り器は文房具ではなく家電となるのであった。

電動化したことでミシンメーカーも市場参入。この典型的な縦長タイプは、小学生時代同級生の部屋でよく見かけたものだ（我が家はずっと手動式）。

ついに家電メーカーも参入。そして電動でも出て来た「プリントもの」。懐かしい葉巻型のフォーミュラカーは、当時の男の子のハートをガッチリ掴んだに違いない。

鉛筆を差し込むと両肩のライトが点灯する。当時のサイクリング車しかり、無意味とも思えるエレクトロニクス化がこの時代の少年たちのトレンドだった。

パネルデザインは昭和50年代以降のニオイがする。ちょっとした機能を付加して差別化を図るところなど、80年代後半以降の家電スタイルをすでに示唆している。

手動時代も含め、それまで誰もが疑わなかった縦のフォルムを横にしたナショナル（現パナソニック）社製。幅を出しても奥行きをなくした方が、狭い日本の子供部屋の勉強机にはフィットしたのかもしれない。着眼点がいかにも家電メーカー的。

材質やフォントなどから昭和 40 年代初頭の製品と思しきトンボ社製の一台は、1960 年代マシンエイジの煽りをモロに受けたようなデザイン。斜め上を向いた本体は、まるで SF 映画に出て来るレーザー砲のよう。ダストケースのレイアウトもサイドに貼られたバッジもジツにスペーシー。「ホモ」というのは当時の牛乳の製造法「ホモジナイズ」のことで、この削り器は同製造法を行う組合で配られたノベルティだった様子。

ずらりと並ぶ昭和の鉛筆削り器。こうして見るとデザインの
変遷がよくわかって楽しい。コレクターがいるのも頷ける。

昭和には名だたるメーカーがこの製品の生産に鉛筆ならぬ「しのぎを削って」いた。たかだか鉛筆を削る機器にここまで業界が心血を注いでいたというのは、それだけ市場が豊か＝子供がたくさんいたということなのだろう。今やネットを検索してみても、これらのメーカーのものはひとつも出てこない。オークションサイトで使い古されたボロボロなものがかろうじて引っかかる程度だ。元号も令和となった今、ことさら昭和のエネルギッシュさが懐かしい。

暮らしに古物を！
Patina In My Life
Vol.06

【ファッションはロックから学ぶ！】

それは60年代に始まった！

現在はすっかりナショナルメーカーの発信物となってしまったが、ファッションはかつて思想や風俗、音楽やアートと強い関連性があった。特にR&R（ロックンロール）が産声を上げた1950年代から1980年代初頭あたりまでのファッションはポップミュージックと強く結びついていた。

それが顕著になったのはビートルズが出現した1960年代の英国。音楽志向やライフスタイルによって分派した「セクト」と呼ばれるいくつもの若者の集団が誕生したのがその発端で、対立し合う彼らには各々ドレスコードがはっきり決まっていたのであ

る。それらは彼らのトレードマークとしてばかりでなく、ファッションカテゴリーとして認知されるようになってゆく。60年代の終焉と共に一旦フェイドアウトするものの、70年代後半のパンクロックの台頭と共に再評価される。そして彼らのフォロワーによるリヴァイバルがバンドサウンドと共に全世界へ輸出されてゆく（筆者も80年代に入ってそのバトンを受け取った世代である）。

そんな往時の情熱とパワーに満ちたファッションを再体験すべく、海外の有名な出版物を元にいかなるものかを見てゆきたい。

MODS モッズ

1950年代にロンドンのジャズクラブにたむろしていたイタリアンファッションを愛好する労働者階級の若者たちがそのオリジンといわれている。60年代に入って世代交代すると今度は米国のR&B（リズムアンドブルース）やジャマイカン・ミュージックを愛聴するようになり、細身のスーツを纏ってイタリア製のスクーターにまたがって夜な夜なクラブを徘徊する集団へと変貌する。彼らについて知るには1979年に英国イールパイ出版から発刊の『MODS！』（編纂・デザイン／リチャード・バーンズ）というフォトブックが最も有効で有名な資料だろう。筆者も10代の頃これを見て勉強した。日本でも入手可能。

[MODS!]
EEL PIE PUBLISHING
Richard Barnes

象徴的なのはスーツの上から羽織る
M51パーカーと呼ばれるミリタリー
ジャケットだ。スクーターで移動す
る際ロンドンの寒風から身を守って
くれる上、包まって野宿もできた。
米軍の払い下げで安価に入手できた
こともあり普及、彼らのトレード
マークとなった。日本でもモッズ
パーカーと呼ばれ認知されている。

大抵は Vespa（ヴェスパ）と Lambretta（ラ
ンブレッタ）の2大メーカーのスクーター
を乗った。フロントキャリアにたくさんの
ライトやミラーを取り付けるデコレーショ
ンが有名だが、これは一過性だったという
説もある。

数あるセクトの中では一番ドレスコー
ドが厳しく、ネクタイ幅やパンツの裾
幅まで細かに決められていた。また、
ヘアスタイルがいくつもあるなどトー
タルコーディネイトが徹底。それでい
て新しいものを果敢に取り入れるリベ
ラルな面もあり、スポーツギアを
ファッションに組み込んだ最初のユー
スカルチャーともいわれている。

モッズとは modernists（モダニスツ）の略称という説
が強い。後出するロッカーズとは忌敵で、ロンドン郊
外の海浜リゾートブライトンビーチの街で大激突する。

ROCKERS ロッカーズ

　前出のモッズと時を同じくして、ロンドンのカフェにたむろする若者たちがいた。彼らもまた労働者階級の子供達だったが、モッズとは聴く音楽もファッションも違っていた。足下をブーツで固め、スタッズ（鋲）を打ち込んだレザージャケットに身を包んで英国製のバイクにまたがった。エルヴィス・プレスリーやジーン・ヴィンセントといった米国発の白人 R&R を愛聴し、ヘアスタイルやアティテュードもそれに倣った。彼らはロッカーズと呼ばれた。

[ROCKERS!]
Plexus publishing
Johnny Stuart

ロッカーズのファッションのひな形となっていたのは、1953 年の米国映画『WILD ONE ／乱暴者』の中で主演のマーロン・ブランド演じる、ならず者たちの頭であるジョニー・ステイブラーといわれている。ロッカーズの定番は英国ルイス・レザー社製のレザージャケット。1950 年代に先述の映画に触発された若者が増えたことから、腰丈までのショートレザージャケットが作られたそう。

前出のモッズとは宿敵同士。黒人音楽を好むモード志向の彼らとは水と油だったのだろう。彼らはロッカーズを時代遅れの田舎者と揶揄し、ロッカーズはヘナチョコ野郎と罵った。往時はロンドンのそこかしこで小競り合いがあったという。

Above and left: Inside and outside the Ace

インタビューで「あなたはモッズ？ ロッカーズ？」と訊かれたビートルズのリンゴ・スターが「モッカー」と答えたのは有名。現にビートルズはどちらでもなかった。
ロッカーズに関してはプレクサス出版／ジョン・スチュワート著の『ROCKERS！』が詳しい。現在も入手可能。

SKINHEADS スキンヘッズ

60年代も後半に入るとそれまでのマニッシュなモッズに変化が見え始める。アメリカ西海岸に端を発するヒッピームーブメントに影響を受けた一派は、髪を伸ばし袖廻りがひらひらしたシャツを着るなどフェミニンな方向へと移行する。それに抗うように登場したのがスキンヘッズだ。頭は丸刈り、サスペンダーにロールアップしたデニム、コンシャスなボタンダウンシャツ。足下はつま先にスチールが入った労働者用のショートブーツで固めるという、よりマニッシュなスタイルへと変貌したのが彼らである。スキンズと略称されることも。

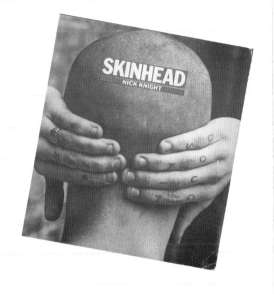

[SKINHEAD]
Omnibus Press
NICK KNIGHT

彼らの多くがモッズから派生しただけあって、やはりドレスコードがしっかりしていた。女性的なヒッピーやフラワーズに比べスパルタンな彼らは、モッズの男性的な部分を強く継承した。上着やシャツのレパートリーも多く、足下のギアもウイングチップやモンキーブーツなどバラエティに富む。トップスはフレッドペリーやロンズデイルなど英国製に拘るものの、デニムは米国製とモッズ的。個人的にスキンズファッションは、坊主頭でのベストコーディネイトではないかと感じる。

音楽はのちにS.K.Aと総称されるロック・ステディ・ビートやブルービートといったジャマイカ由来の音楽を愛好したが、80年代にはハードコア・パンクへと流れてゆく。
右翼的な指向性が強く、70年代には左翼的なパンクスや米国志向のロッカーズを目の敵にしていた。スキンズには女性もいて、前髪だけ残し後ろを短髪にするといった独特のヘアスタイルをしている。

彼らに関しては、本人がバリバリのスキンズである写真家ニック・ナイトによるオムニバスプレス刊『SKINHEAD』が最も有名な書だろう。彼らの日常の赤裸々な姿が記されているこの本をバイブルとしている服飾関係者も多い。

TEDDYBOYS テディボーイズ

　景気が回復し始めた 1950 年代のロンドンで、背広の発祥で
あるサヴィル・ローの洋装店が若者向けにエドワード 7 世の
衣装をリバイバルさせようと試みたことが「テディ・ボーイ
ズ」誕生のきっかけとされている。「テディ」とはエドワー
ド 7 世の愛称で、英国民からは昔日のファッションリーダー
のように見られていた。その彼を担ぎ出して消費を盛り上げ
ようという洋品店の目論見は見事成功し、ひとつのファッ
ションアイコンとなっていった。

[THE TEDS]
Travelling Light/Exit
Chris Steele-Perkins & Richard Smith

音楽は米国の白人系 R&R や英国のR&R＝スキッフルなどを好んで聴いた。また、彼らが
のちにモッズの原型へと変化していったという説もある。ビートルズも元々テッズ風
だったし、ローリング・ストーンズもスキッフルバンドが前身だった。
60 年代のロッカーズにも重なる部分があるが、彼らのようにバイクに乗ることはなくス
タイルもノスタルジックである。テディガールズはポンパードールヘアという女性流
リーゼントのようなヘアスタイル。ペンシルスカートにフラットシューズというコー
ディネイトだった。

60 年代のスウィンギング ロンドンが来
るとゆっくり消滅してゆくも、70 年代の
パンクロックの登場で息を吹き返す。テッ
ズ／ TEDS と略称されることも多い。

厚底のクリーパーシューズは 77 年に
SEX PISTOLS のジョニー・ロットンに
履かれたことで再び注目を集める。し
かしそれを履いたジョニーは、右翼的
なテディボーイズに深夜の街中で襲わ
れるという憂き目に遭ったという皮肉
なエピソードもある。テディボーイズ
に関してはクリス・スティール－パー
キンスとリチャード・スミスによる
『THE TEDS』が詳しい。どうやら掲載
されているのは 50 年代ではなく 60〜
70 年代のテッズのようだが、とても迫
力とリアリティのある写真集だ。現在
も入手可能。

RUDEBOYS ルードボーイズ

　最後に登場するルードボーイズは、1960 年代以降の英国にジャマイカからの移民が流入して誕生したいわばハイブリッドカルチャーだ。彼らは元を正せばジャマイカからの経済難民であり、よそ者。しかし、米国映画に出て来るギャングを模した黒いスーツに細いタイ、中折れ帽＝ポークパイハットという粋なファッションと、これまた耳に新しい裏打ちのダンスミュージックが英国の若者たちのハートを射抜き見事に受け容れられたというわけ。常習犯罪者といった意味合いだそうで、ルーディと略されることもある。

一旦は姿を消したかに見えたルーディも、70 年代後半に工業都市コベントリーから突如現れたネオ SKA＝2 TONE ムーブメントで復活。前出のスキンヘッズカルチャーにも合流する。しかしながら彼らのようなスタイルはせず、もう少しモードなファッションの指向性を持つ彼らは、スーツはモッズで足下はスキンズというように中点を取ったようなコーディネイトだった。ボディスナッチャーズのような女性だけのグループもネオ SKA ムーブメントには登場した。80 年代後半に入ると、フライデークラブのようなジャズやラテンを下敷きにしたバンドが 2 トーンを継承する。

Above: The invasion of The Bodysnatchers
(Photo courtesy of Chrysalis Records Ltd. All rights reserved)

The idea for an all-girl ska band came from Nicky Summers, a Londoner who made up her mind to form a band after seeing The Special A.K.A. on their early visits to the capital. "I saw The Specials last April when they were playing places like The Moonlight Club and The Hope.

49

90

ファッションは残っていても、未だに志向するバンドが一定数いるのは今回紹介してきたロックトライブの中でもルードボーイだけではないか。ファッションと共に幅広い世代に愛される UK のロックアイコンが、ジャマイカ発というのも何とも面白い話。やはり混血種は強いのである。

ファストファッションやネット通販大全盛の現在、さまざまな好みに対応した多種多様の洋服が安価で簡単に手に入るようになった。が、その分一着一着の価値は軽くなり、簡単にそれらを廃棄してしまうようになった気がする。これら UK のセクトたちを見ていると、かつて若者らがいかに情熱をファッションに反映させていたかがわかる。便利と引き換えに失ったものは、洋服ひとつとってみても大きい。

Omnibus of
Patina In my Life

筆者が購入したプロダクトの数々をオール手描きで綴るシリーズ。もちろんメインはユーズド品。

デッドストックあり、廃番商品あり、ガラクタ扱いされたビンテージあり、

見落とし高価値商品あり……どれをとってもやはり中古品が圧倒的に面白い！

Patina 総決算❷

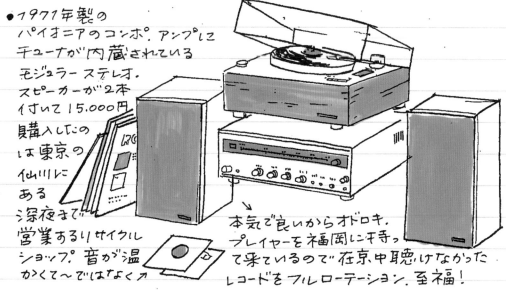

● 1971年製の
パイオニアのコンポ。アンプに
チューナが内蔵されている
モジュラーステレオ。
スピーカーが2本
付いて 15,000円
購入したの
は東京の
仙川に
ある
深夜まで
営業するリサイクル
ショップ。音が温
かくて〜ではなくへ

本気で良いからオドロキ。
プレイヤーを福岡に持っ
て来ているので"在京中聴けなかった
レコードをフルローテーション。至福！

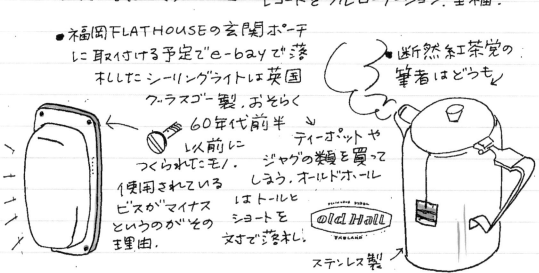

● 福岡FLATHOUSEの玄関ポーチ
に取付ける予定でe-bayで落
札したシーリングライトは英国
グラスゴー製。おそらく
60年代前半 以前に
つくられたモノ。
使用されている
ビスがマイナス
というのがその
理由。

● 断然紅茶党の
筆者はどうも

ティーポットや
ジャグの類を買って
しまう。オールドホール
はトールと
ショートを
文寸で落札！

old Hall
ENGLAND

ステンレス製

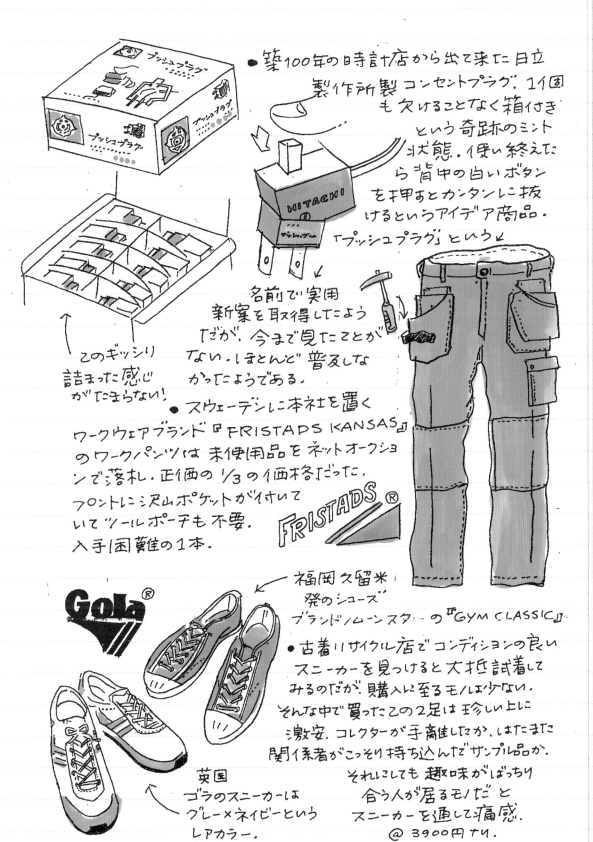

● 築100年の時計店から出て来た日立
製作所製コンセントプラグ。1個
も欠けることなく箱付き
という奇跡のミント
状態。使い終えた
ら背中の白いボタン
を押すとカンタンに抜
けるというアイデア商品。
「プッシュプラグ」という。

↑ このギッシリ
詰まった感じ
がたまらない!

名前で実用
新案を取得したよう
だが、今まで見たことが
ない。ほとんど普及しな
かったようである。

● スウェーデンに本社を置く
ワークウェアブランド『FRISTADS KANSAS』
のワークパンツは未使用品をネットオークショ
ンで落札。正価の1/3の価格だった。
フロントに沢山ポケットが付いて
いてツールポーチも不要。
入手困難の1本。

FRISTADS ®

福岡久留米
発のシューズ
ブランド「ムーンスター」の『GYM CLASSIC』。

Gola ®

● 古着リサイクル店でコンディションの良い
スニーカーを見つけると大抵試着して
みるのだが、購入に至るモノは少ない。
そんな中で買ったこの2足は珍しい上に
激安。コレクターが手離したか、はたまた
関係者がこっそり持ち込んだサンプル品か。
それにしても趣味がばっちり
合う人が居るモノだと
スニーカーを通して痛感。
@3900円ナリ。

英国
ゴラのスニーカーは
グレー×ネイビーという
レアカラー。

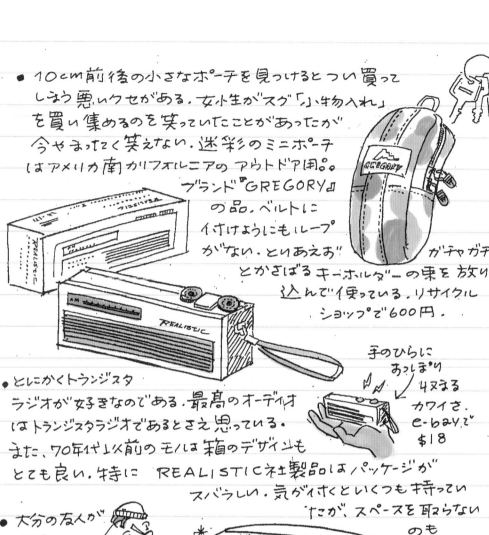

- 10cm前後の小さなポーチを見つけるとつい買ってしまう悪いクセがある。女小生がスグ「小物入れ」を買い集めるのを笑っていたことがあったが今やまったく笑えない。迷彩のミニポーチはアメリカ南カリフォルニアのアウトドア用。ブランド『GREGORY』の品。ベルトに付けようにもループがない。とりあえずとかさばるキーホルダーの束を放り込んで使っている。リサイクルショップで600円。

ガチャガチャ

- とにかくトランジスタラジオが好きなのである。最高のオーディオはトランジスタラジオであるとさえ思っている。また、70年代以前のモノは箱のデザインもとても良い。特に REALISTIC社製品はパッケージがスバラしい。気が付くといくつも持っていたが、スペースを取らないのもイイと23。

手のひらにあっさりと4又なるカワイさ。e-bayで$18

- 大分の友人が現在 ↓

↓ 乗っている筆者の愛車を譲って欲しいと言い出した事から、「ではそろそろ他のクルマを…」と探し始めた。矢先、オークションでばったりと出会ってしまった。ほぼ新車のHONDA トゥディ。結局また同車種に乗っているという顛末。

非常時に振る旗も純正品!

● プロパーで"購入すれば"
4〜5万ある英国の アウター
ブランド"Bellstaff の
キルティングジャケットはリサイクルショップ
で"破格の ¥3200. それもそのはず"
ポケットに穴. パイピングのスリ切れ.
糸のほつれetc…満身創痍.
中帽子作家の知人に再生をお願い
したところ, 驚きの
完成度で戻って来ましたぞ.
これぞ"古着の醍醐味. 新品を買い与えられる
より何十倍も嬉しい!

● 中高生時代 夢中になって読んだ雑誌
パルコ出版発刊の『ビックリハウス』の
'75年のBNはレア. この頃は一冊 250円.
筆者が小学生だった頃の一冊.

↑
この本からパロディが
始まった!

● 仏製キーホ
ルダーのエス
キモー君.
数年前に
webでこの笑顔と
出会ってしまい. 以来 探し
続けやっとe-bayで
落札(しかも2体!).

● ゲストハウスのキッチンに置くため
に購入した英国製のステップ
スツール. 座面下に格納された
2段の踏み台を引き出して使う.
イスと脚立のハイブリッドというワケ.
南区のアンティークショップFURICで¥8.000.

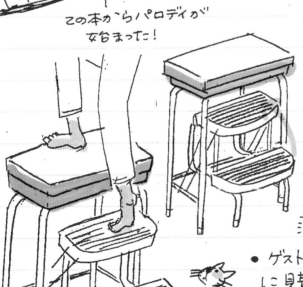

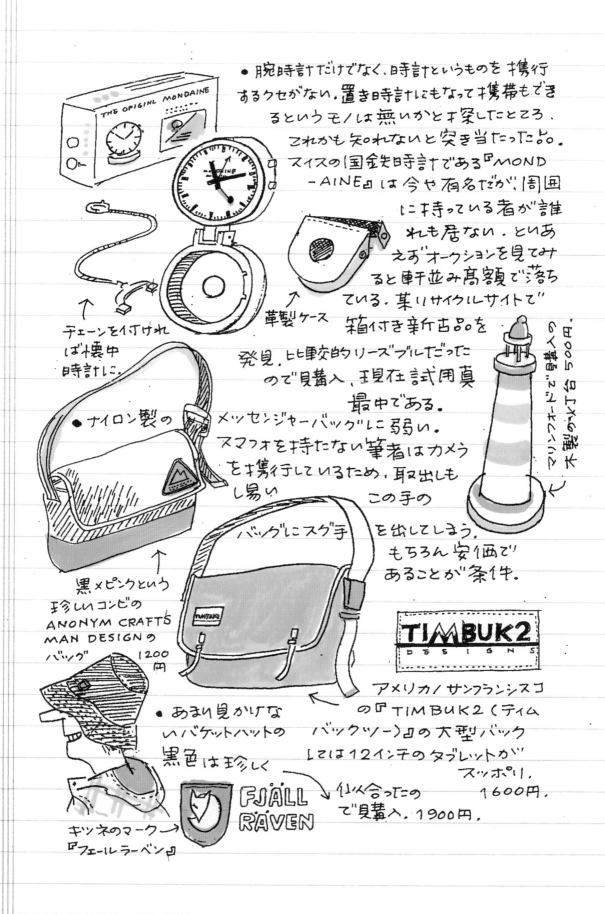

● 腕時計だけでなく、時計というものを携行するクセがない。置き時計にもなって携帯もできるというモノは無いかと探したところ、これかも知れないと突き当たった品。スイスの国鉄式時計である『MOND-AINE』は今や有名だが、周囲に持っている者が誰れも居ない。とりあえずオークションを見てみると軒並み高額で落ちている。某リサイクルサイトで箱付き新古品を発見。比較的リーズブルだったので購入。現在試用真最中である。

THE OPIGINL MONDAINE

↑チェーンを付ければ懐中時計に。

革製ケース

メッセンジャーバッグに弱い。スマフォを持たない筆者はカメラを携行しているため、取出しも易しこの手のバッグにスグ手を出してしまう。もちろん安価であることが条件。

● ナイロン製の

↑黒×ピンクという珍しいコンビのANONYM CRAFTSMAN DESIGNのバッグ 1200円

木製のやつ1台 500円 「マリンアンティーク」でオークション。

TIMBUK2 DESIGNS

アメリカ/サンフランシスコの『TIMBUK2(ティムバックツー)』の大型バックとしては12インチのタブレットがスッポリ。似々合ったので購入。1600円。

● あまり見かけないバケットハットの黒色は珍しく FJALL RAVEN

キツネのマーク→『フェールラーベン』

1900円。

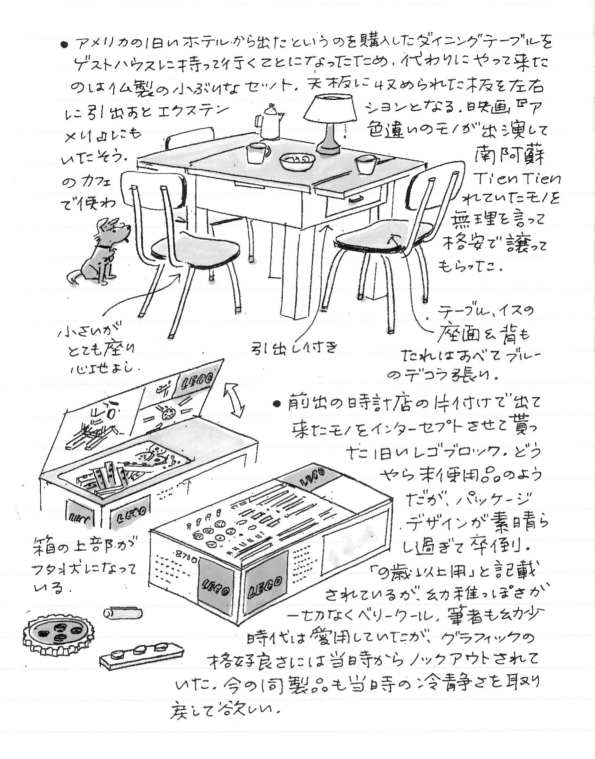

● アメリカの旧いホテルから出たというのを購入したダイニングテーブルをゲストハウスに持って行くことになったため、代わりにやって来たのは仏製の小ぶりなセット。天板に収められた板を左右に引出すとエクステンションとなる。映画『アメリ』にもいたそう。のカフェで使われ色違いのモノが出演していた。南阿蘇 Tien Tien れていたモノを無理を言って格安で譲ってもらった。

小さいがとても座り心地よし。

引出し付き

テーブル、イスの座面&背もたれはすべてブルーのデコラ張り。

箱の上部がフタ状になっている。

● 前出の時計店の片付けで出て来たモノをインターセプトさせて貰った旧いレゴブロック。どうやら未使用品のようだが、パッケージデザインが素晴らし過ぎて卒倒。「9歳以上用」と記載されているが、その稚っぽさが一切なくベリークール。筆者も幼少時代は愛用していたが、グラフィックの格好良さには当時からノックアウトされていた。今の同製品も当時の冷静さを取り戻して欲しい。

Omnibus of Patina In my Life

REVIVAL Story

FLAT HOUSE を再生せよ

＜Y邸＞

機会あるごとに話しているが、現在全国にある空き家は800万戸を超えている。
そのストックをいかに活かすかが現代日本の大きな課題のひとつ。
ご多分に漏れず、福岡にもたくさんある空き家一戸建て。
古家の再生を専門に請け負う《FLAT HOUSE planning》が、
このたび県内2棟の平屋の改修を手掛けることとなった。

福岡市内での筆者トークライブ《FLAT HOUSE meeting》に幾度となく参加くださっていたYさんからある日「古賀市にある築60年の平屋が売りに出ている」という話を聴かされた。とても素敵な物件なので買おうか迷っているという。日頃「家は借りて住め」と説いていることから、購入は薦めなかった。

しかし聴けば、広い庭が付いているのに中古マンションくらいの低価格。オーナーと面談したら更に大幅値引きをしてくれたそう。古家が好きじゃない人に買われるくらいならいっそ自分が、ということで購入に踏切ったYさん。それならば、とバックアップをお引き受けしたのがこのFLATHOUSEだ。

こうして見ると、背後に断崖絶壁のようにそびえ立ってしまっているマンションがとても気になるが、南側の掃き出し窓から広々とした庭が臨めるため、屋内に居るとその存在はほとんど気にならない。しかしこの対比、ジツにアイロニカルである。

庭はもう一棟家が建ってしまいそうな広さ。芝を敷くもよし、多目的小屋を設えるもよし、いかようにもできるスペースだ。

しっかり壁に固定されているアイアン製のハットハンガーも造り付けの様子。もしかすると靴箱を置かない前提で設えられたコートハンガーだったのかもしれない。

和洋折衷な玄関ホールも、昭和30年代初頭の家にしてはかなり広めだ。靴箱も合わせて製作した感がある。

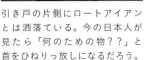

引き戸の片側にロートアイアンとは洒落ている。今の日本人が見たら「何のための物？？」と首をひねりっ放しになるだろう。

和室が2部屋もあるY邸は、昭和30年代大いにもてはやされた和洋折衷。現在「和モダン」と呼ばれるカテゴリーは、この時代に生まれた概念の延長線上にある。

庭に面した広い縁側は日光浴に適しており、庭にもすぐ出られる便利なスペースだ。床はリファインして活かすことに。

手前がリビング、奥がキッチン。ここも磨き直せば見違えるようになるに違いない。

「ふた口」というよりは「双頭」といった方が言い得た感のガスの元栓。ぜひ残したいパーツだ。

流し台の背面には食器棚のユニットが配されている。廊下とのパーティションにもなっており、当時としてさぞ画期的な造作だったことだろう。

お勝手口の外には小さな屋根があり、ちょっとした仕事ができるスペースになっている。

Y邸の目玉と言って過言ではない地下のガレージは、増築部分の下にひっそりある。木製のゲートがまた時代を語っている。

半分タイル、半分砂壁のトイレは適度に改修して清潔に。

奥行きは想像以上に広く、窓もあって明るい。また湿気も思ったよりない。ここはガレージとしてではなく、イベントやホームショップができるくらいまでに改修したいと提案。Yさんの新しい暮らしのきっかけにしてもらえればという目論見だ。

Withdrawal / 撤去

　先ずは北側を占拠する大きな植栽と
ブロック塀の撤去。防犯・目隠しのた
めにと設えられた両者は、実は風通し
を著しく阻害して縁の下に湿気を貯め
させ、如いてはシロアリを誘因した犯
人だった。

震災時には倒壊して死者
まで出すブロック塀は、
今や昭和時代の負の遺産。
中にはしっかり鉄筋が
入っているものもあって、
作業は難航することも。

ドリルで目地に亀裂を入れておいてか
らハンマーでたたき壊す。見ての通り
重労働。

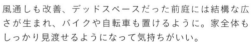

風通しも改善、デッドスペースだった前庭には結構な広
さが生まれ、バイクや自転車も置けるように。家全体も
しっかり見渡せるようになって気持ちがいい。

大きな破片はそのままトラックに、細
かなガレキはガラ袋に入れて搬出。地
味に見えるがこれもまた重労働。

Cleaning / 清掃

拙著やトークライブでも言っていることだが、古家を再生する上で最も大切なのは実は「清掃」なのである。トンカンやることだけがリノベーションや改修と捉えられているフシがあるが、さに非ず。仕事に取りかかる前に清掃し、終了間際にまた清掃する。一般の工務店は新品に取り替えてしまうことで人件費のかかるこの部分を極力回避するが、古家再生の場合はこの掃除こそが仕事の第一義なのである。

キッチンのステンレス磨き。先ずは洗剤と専用スポンジで落とし、その後バフで磨く。

昭和平屋ならではの細工部分も細かに清掃。

浴室は最もキレイにやるべき場所のひとつ。高圧洗浄機で隅々まで行う。

大変なのが前住人の残していったガムテープなどによる補修跡の始末。粘着剤が固化して一筋縄では取れないが、これをキレイにしないと再塗装がかけられない。長時間苦闘を強いられるパーツだ。

家の年齢と合わせるため、器具類も外国製の同年代のビンテージに交換。それらも施工前にきっちりクリーニングする。

Planning / 計画

当然ながら施工に入る前に見積書に準じた計画書・予定表を作る。筆者の場合こっちの方が断然速いので手描きで作成してしまっているが、概ね好評。

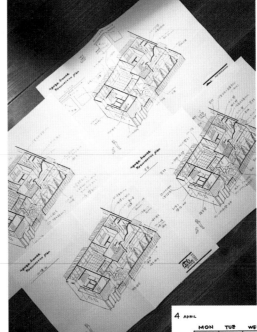

3 MARCH 〈名前ハウス 改修・補修・新設 スケジュール〉

MON	TUE	WED	TUR	FRI	SAT	SUN
				1	2	3	4
5	6	7	8	確認 頼み	応接間 贈補・塗	11
応接間 壁塗り 12	13	小浴室 14	15	応接室 確認 16	17	18
19	20	21	和室1 壁塗り 22	和室1 壁塗り 23	24	25
和室1 床塗り 26	玄関 壁 床塗り 27	28	リビング廊下 壁塗り 29	壁塗り 30	31	4/1

木工スタッフがまず大まかな日程を書き込み、塗装、清掃がそれに準じて記入、最後に筆者が清書する。仕事が遅れた場合はアカで上書きし、どこで同軌道修正するかを再協議。

斜め俯瞰のイラスト間取り図を作り、スタッフそれぞれの担当分に分けて作業箇所を記入。仕事をする部位や場所を判りやすく可視化するためだ。これに則して進めることで、施主と作業者が工事全体を共有把握できるという有効なシート。

4 APRIL

MON	TUE	WED	TUR	FRI	SAT	SUN
						1
リビング廊下 未計塗り 2	3	4	キッチン 未計塗り 5	勝手の門 壁 未計塗り 6	7	8
和室1 フローリング 9	10	トイレ 座張り 11	玄関ドア リファイン 座張り 12	勝手口 ドアリファイン キッチンシート 13	14	15
16	17	18	日ヨヌ締 リファイン 19	20	21	22
和室1 シェルフ 23	24	25	建具 26	浴室サッシ 取付け 27	ガレージ リペート 28	29

Refurbishment / 改修

いよいよ改修工事の本丸に突入。畳を上げたり床を張り直したりといったいわゆるリフォーム仕事に加え、古い建具のリペア、器具や金具類の磨き直しなど手間のかかる仕事もこれに含まれている。

一番広い和室は洋室にコンバートさせ、Yさんの居室・寝室となる。当初断熱を目的として開けたのだが、この部屋の縁の下から空き家になったシロアリの巨大コロニーが見つかったため、消毒および防湿対策を追加で施した。

スタイロフォームというブランド名で呼ばれる断熱材を敷きつめる。当時はまだこの手の資材がなかったということもあってこの頃の家屋の床下には断熱施工というものがほとんどされていない。この施工は古家再生の折には必須ともいえる。

和室を洋室にする場合、書院造り（床の間）をどうするかが課題となる。違い棚や天袋・地袋など独特な建具の処理がジツに難しいのだ。今回床柱は丁寧にカットし、上から木材を被せて塗装することに。

洋室に合わせるため壁面には木板を張る。土壁のためビスの直打ちができないので、一旦木材をグリッド状に張り巡らせて下地を作る。普通の工務店はこんな手間のかかる方法は嫌がるに違いない。

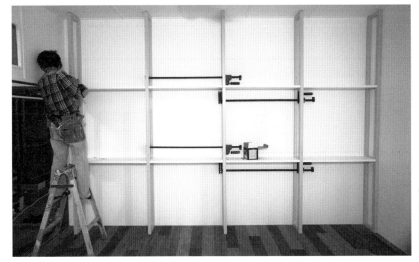

Yさん永年のユメだったという壁一面の造り付けブックシェルフは家具職人でもある木工スタッフK氏の真骨頂。

※撮影協力／Key craftworks

Painting / 塗装

戦後十年ほどで建てられたYフラット・ハウスはそのほとんどが木製。窓も木枠なら雨戸も木で作られている。一般の工務店ならば即交換、あっという間にアルミのハイブリッドとなるところだが、私たちは補修後に再塗装して続投させる。そこが古家の生命でもあるからだ。

グラインダーで研磨して床塗装の下準備。身体中が木粉だらけになる。

浴室天井もしっかりと塗装を落とす。これをきちんとやらないと必ず塗装膜が剥がれて来る。

時間が取れなかったり他の作業のためスペースがない場合は、スタッフが自宅スタジオに資材を持ち込んで塗装。Yさん個室床板を塗装中の図。

床の再塗装には筆者も参戦。完成後すぐ入居というスケジュールから、油性ではなく水性のオイルステインを使用した。

窓や引き戸類の桟も丁寧にリペイント。もうアート作品の復元に近い。

好天に恵まれれば庭先で「塗装パーティ」が始まる。なんとも良い光景。

大工や専門業者もあまり好んでやってくれないのが建具の修繕だ。手間と時間がかかるため、取り替えた方が速くて安いという結論になってしまう。しかし古家再生の場合、新建材は極力使わず可能な限りオリジナルを崩さない形での再利用が好ましい。それには細かな作業が必須となる。

取り付けがいい加減だったのか、すっぽりアングルごと抜け落ちた雨樋。軒側を木工で補強し直し、倉庫に保管されていたものを再設置。

オリジナルの玄関ドアはその使用期間の長さから満身創痍。無粋なアルミ製ドアなどにはせず、傷んだ部分をリペアし木板を張って再生。まだまだ現役で居てもらわねば。

脱衣所の木製窓枠が永年の雨水で腐食、中が空洞になっていた。手ノコとレシプロソーを併用して切除し、新しい木材で再生。

崩壊寸前の地下ガレージの木製ゲートも新しい木材で再製作。車庫としてではなく、店舗やギャラリーとしても流用できるようドア付き壁にコンバートした。

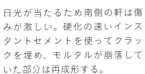

日光が当たるため南側の軒は傷みが激しい。硬化の速いインスタントセメントを使ってクラックを埋め、モルタルが崩落していた部分は再成形する。

古家再生は「修繕」と「清掃」だということがお判りいただけただろうか。実は、完成直前にシロアリの巣と疑わしきものが玄関前から見つかったため残ったガレージ部分の施工を中断し、駆除したとのこと。

和室が、壁一面にシェルフを設けた洋室へと大変身。障子は木製の半ガラスの引き戸に改造してリユース。書院造りは潰して家具が置けるスペースへとコンバートさせた。長押や土壁の採用などからリノベートが困難なこの手の和室は、アイデアとセンスと技術、そして根気を持って臨まないと完成しない。

縁側も再塗装と磨き直しですっかり垢抜けした。元が良いので建材交換などは無用。

応接室の市松張りフロアもブラッシュアップしてオイルステインで再生。健在のモールガラス引き戸も清掃して現役復帰。庭の緑がより眩しい。

応接室の照明は 1950 年代米国製ミルクガラスのシーリングライトに、他の部屋の照明もほぼすべてビンテージのものに交換した。家との年齢を合わせてやることが肝心。

こういった和洋折衷住宅で難しいのが、境界線の対処。洋間と和室の境に施された玉石の洗い出し仕上げの部分はそのまま残すことに。

腰板を張り白く塗装することで明るくなった廊下。欄間も洗い出し同様、清掃だけして残した。

満身創痍だった浴室の引き戸は外してレストア。行灯照明もガラスを入れて蘇生させた。高圧洗浄機でタイルも清潔に。

かくして Y 邸は蘇った。建築家が自ら設計し建てた自邸だったというだけあり、スペック・デザイン共に素晴らしい。こういう建物を十把一絡げに「老朽物件」とスティグマし、やみくもに取り壊してゆくのが現在のデベロッパーらのやり方だが、高い確率で今の建て売り住宅なんかよりよほどレベルの高い家があったりする。まだまだ現役のそれらを壊し、新築を建てるなど愚の骨頂。圧倒的な棟数の空き家が残る現在、われわれ FLAT HOUSE planning がすべき仕事は山積している。

COLUMN

■ セルフリノベに古材を！ ■

　その昔は DO IT YOURSELF＝D.I.Y（自分でやろ
う）という言葉が主流だったが、昨今はこの「セル
フリノベ＝セルフリノベーション」という語に取っ
て変わられてきた感がある。言っていることはほぼ
同じだが、自作の家具なども含まれる前者に対し、
後者は家屋の改修などのシーンで使用される。それ
だけ住居に対する意識が高まってきた証拠でもある
だろう。しかし新材を切って貼っただけでは今や素
人の芸能人でもやる時代。『再評価通信』の賢明なる
読者であれば、やはり古材＝建築廃材も取り混ぜて
使いたいところ。ジツは写真のようなこんな解体現
場も「宝の山」。これらを再利用すればゴミも減るし
一石二鳥だ。

ある朝けたたましい重機の轟音で起床、行ってみると木造2階建てを解体している。ロフトを製作していることを思い出し、トラックから降りて来た強面の職人さんに「再利用したいんですが柱を何本かいただけませんか?」と声をかけた。すると笑顔で快諾、15本もくれた。一見イカつくても職人たちにはジェントルマンが多いのでこの対応はめずらしくはなし。それに処分費が減るので彼らにとっても悪い話ではないのだ。かくして焼却炉に行くはずの木材の救出に成功、自宅庭へえっちらおっちらと搬入。御礼はお弁当とお茶の差し入れで。

ちょうど遊びに来てくれたNくんに釘仕舞いのヘルプを。長バールで古釘を1本1本丁寧に抜いてもらう。

Before こんな古材が…   汚れを削ると…   After

こんなキレイな材木に変身。これをストックして屋内のリノベートに使用する。どんなものができるかはまた後日のお楽しみ!

釘を取り払った古材の汚れた表面を、DIYショップからレンタルして来たディスクグラインダーで削り取る。木屑が粉末状になって飛散するのでマスクとゴーグルは必須。

COLUMN

古建具を再生しよう

さて、次は建具のリファインから再利用するまでを追いかけてみよう。

解体が決まった米軍ハウス。こんなステキな FLAT HOUSE が壊されることは残念でならないが、止めることが叶わないならせめて使えるものを救出せねば。ここはまず玄関ドアに狙いを定めることに。

[搬入]

長期留守中だった筆者のために、友人が工事初日に乗り込んで例の木製玄関ドアをサルベージして来てくれた。かなりのヤレ具合だが、これをリファインして我が家の玄関ポーチのアルミ製ドアとの交換を試みる。

[金 具 類 の 除 去]

時間がなかったためか、蝶板ごと捥いだ痕跡が。さぞ大変だっただろう。今では見ることができない古いタイプ、この頃のものは確かに蝶に似ている。

外したドアノブのラッチケースを開け分解、内部を清掃する。ジグモの巣があったりするからびっくり。バネが外れていたので直して潤滑剤を拭いて再組み立て。

まずは空回りしていて用を成さないドアノブはずしから。作業しやすいよう出っ張りをなくすという意味もある。

［本体再生］

空洞だったドア内部に断熱材を切ってはめ込む。

前住人が寒さのために張ったと思しき新聞紙やガムテープをサンダーとスクレパーを使って剥がす。これがまた頑固にこびりついており、予想外に手間取った。

やたらと刺さっている釘やドアチェーンも丁寧に除去。

COLUMN

[塗 装]

表側の古い塗装をサンダーでしっかり剥がす。このまま
の感じもまあ悪くはないのだが、きっちりとリペイント
するのが FLAT HOUSE 流。

サンダー掛けをしても永年固着してしまっている塗料を
完全に剥がすのは困難。やり過ぎると本体を削ってしま
うため、この上から塗装をかける。

[本体再生]

断熱材を入れた裏側の面にはベニヤ板を張る。ネイラーと呼ば
れる工具で板を留めるが、持っていない場合は釘かビスで留める。

窓の部分はトリマーと呼ばれる工具を使って開口する。電動工
具類は DIY ショップなどでもレンタルしている。

新しい蝶番を取り付けるために　木板が貼られてしまっていた窓
ノミで溝を掘る。　　　　　　　枠にガラスを入れ、枠をはめ込
　　　　　　　　　　　　　　　んで復元。

裏側のベニヤはホワイトに塗装。ラッチは元々付いていたものを再使用するが、ノブは軸がすり減って空回りするため、以前別の平屋から救出して来たものを取り付けた。

移植完了！ やはり元々ここにも木製フラッシュドアが付いていたはず。アルミ製のドアよりもしっくり来る。

塗装は焦らず。時間をかけてじっくり重ね塗り。

建築物の解体などで出る産廃は年間およそ8千万トン、産廃全体の約8割をも占めるともいわれている。家電製品や洋服などのリユースは進んでいるのに、建築材料の再利用はまだまだ発展途上。全体量の多い建築廃材こそリユースを進めるべきだ。木製材料は素人でもさほど難しくなくリファインできる。セルフリノベーションが全盛の今、市民レベルでできる環境保護でもあり、倹約にもなるこの古材の再利用をもっともっと広めていきたい。

暮らしに古物を！
Patina In my Life
VOL.07

【家具をレストア！】

外観はもう "倉庫" 以外のなにものでもないが、手描き看板といいこの雑然とした感じといい、すでに「ただならぬ店」のニオイがぷんぷんしている。博多区吉塚にある《Antique mall Booty market ／ブーツィー・マーケット》は筆者好尚の一店。レアな年代物からリサイクル色の濃い雑貨まで、パティナのオンパレード。こういう店は経営側に相当なセンスと心の余裕がないと作ることはできない。いざ、店内へ！

1F

1階は、区切ったスペースを個人や商店にレンタルしており、古着やトイ、家具や生活雑貨までいろいろなテイストのアンティークやコレクティブル、ジャンクが並ぶ。これが名に「モール」と付く所以。

8年前新宮からここに移転。その前は重機メーカーの倉庫だったとか。階段に横たわるベルトコンベアは前使用者の置き土産のようだがどうやって使っていたのか気になる。

このエントランスからしてもう「なにかある」気配、ワクワクする。入口付近で門番のように鎮座するは愛犬ブゥ（13歳♂）。話しかけるとシッポを振った。番犬にしてはなんと気だての良い。

昭和の遺宝を中心にコレクションが並ぶ "60年代"
ブース。いきなりこういう「和モノ」が出て来る
ようなところもこのショップの面白いところだ。

レジまわりも気取りがなくステキ。永年古
道具屋廻りをしていると、この辺りを見た
だけで店主の力量が何となく判る。

値段設定は出店者によってまちまち。市場相場
よりちょいと高いかなと感じるものから、これ
はお買い得！とにんまりするものまでまさに玉
石混淆、買い手の眼力が試される。こうでない
と古道具屋は面白くない。

突如現れる階段が「まだ物足りないならここ
を上がってみるがいい」と挑発するかのよう。
ジツはここの店の真骨頂は上階にありと筆者
は踏んでいる。

整理されていながらもゴチャッとモノが混在する店内は、海外のアンティーク
モールを彷彿とさせる。すっかり時間が経つのを忘れてしまう。

階段を上がるとさまざまな古物がわっと広がる。ところどころ整理されていたり、そうかと思うと山積みになっていたりと非常に変則的。こういうイレギュラーさが今のキレイなショップにはない。この「揺さぶられ」が筆者の大好物。

もう陳列になってない（笑）積んであるだけ。でもあの奥の方が気になるー。

家具や食器、本やアクセサリー、電化製品やゲーム機、楽器や雑貨などなど挙げればきりがないほど雑多な品揃え。この幅の広さを見ていると店主のモノの見方の深さと、楽しんでやっているということを強く感じる。

25年ほど前、古着店を営む友人のアメリカ買い付け旅行に同行した際、西海岸のデニムバイヤーの家の地下室を見せてもらったことがあったが、ちょうどこんな感じだった。あまりに楽しくて2〜3時間物色し、上階のみんなに心配されたことがあったのを思い出す。

古洋書の写真集は筆者お気に入りのコーナー。この雑然としたディスプレイの仕方も好み。

このアコギの列。オーナーがバンドマンだからというのもあろうが、これをここまで蓄えて古道具として扱う感覚はもう外国人のセンスだ。

プラスティック素材のビンテージ食器や木製家具、ソファ、ガラスのインテリアに照明、フィギュアの置物に舵……百貨店でもセレクトショップでもこんな品揃えは無理。

対岸にぽつんと一台。意図的のようでもありたまたまのようでもあり。ディスプレイというよりインスタレーションアートに近い。

このヤル気のない陳列が却って（かえ）そそられるのだ。相場を知っているものでも「もしや！」とつい手に取ってしまう。

こんな中古ボタン誰が買うの？と思うのは素人のあさましさ。コレクターも多く、しっかりとしたワールドマーケットがあるのです。

キティちゃんの後ろに隠すように置いてあるバードケージは結構巨大。

フィジー島先住民族の狩猟道具か？一見では判らないものの方があとあと欲しくなったりするもの。上手い。

なんちゃってマルセル・ブロイヤー？ 模倣品だとしてもこれはこれで開き直りが素敵。立派なビンテージの顔をしているが9800円というお求め易さだった。

「だれ!? そこにいるのは！」
そっとしておいてあげて。

このトロフィーの山を見たとき「そう来たかー」と呟いてしまった。POP ARTの手法じゃないか。

ふと目に留まったのはクリーム色のショーケース。近づいて見てなにが気に入ったかというと、30cm にも満たないという奥行きの浅さ。ここまで薄いモノはめずらしいし、実は使い勝手が良いのだ。側面にアジャスター用らしき穴が空いていることから、どうやら店舗壁に造り付けられていた什器ではないかと推察。改装か何かで剥がして来た廃品のようにも見える。それが証拠に天板・側板共に破損があるものの、補修してリペイントしたら化ける気配もあり。価格も 6000 円と安価、購入決定！

① 先ずはミニバールを使って天板を丁寧に剥がす。

② 10mm 厚のベニヤを切って表面処理し天板を作る。

③ 自立困難なので脚を取り付けることに。

④ 天板を貼り、周囲にベゼル（額縁）を廻してベニヤ板側面を隠す。

⑤ 表面をサンドペーパーで処理後、ガラス部分をマスキングして象牙色でリペイント。

内側の天井に取り付ける照明は発熱量の少ないLED。色はやはり電球色。

ハンドルはクラシカルな黒いセラミック製に交換。

完成。転倒防止のため脚は一回り大きめのウケを作り設えた。厚さがないのでどこに置いても圧迫感ナシ。カップ&ソーサーが1客がぴったり入る奥行きはブックケースとしてもちょうど良い。

古物店とはモノの墓場ではなく、モノが蘇生する場だ。一旦は誰かに「不要」とみなされたモノが、見出す者によって救い出され、見知らぬ場所でリバースする。なんともドラマチック！「誰が触ったモノか判らない」というフレーズを吐くような人は、結局誰かに値踏みしてもらわないと価値を測れないのである。今回のような店で自己判断力と審美眼を養ったなら、ただ「新品が売られている」ような場所では物足りなくなるはず。売り場の隅々にうずくまるsomething を感じ取れるようになったアカツキには、人生のグレードが一段上がっていることだろう。

[Antique mall Booty market]
福岡市博多区吉塚 6-11-1

暮らしに古物を！
Patina In my Life

【ビンテージキーチェーン】
Vol.08

　第二次世界大戦の戦禍も癒え、好景気に沸き出した1960年代の欧州はフランスにこの《Bourbon／ブルボン》は生まれた。その目的は企業の販売促進、特殊に加工されたアクリルケースの間に社名ロゴやオブジェを挟み込み、そこに開閉可能なキーリングを取り付けて顧客に配布したものである。現代人ならば鍵はどんな人でも1個は持ち歩く生活必需品ゆえ、暮らしに密着した効果的な広告手段として幅広く普及した。

　70年代に入り不況がやってくるとこのノベルティは徐々に姿を消してしまうが、その精巧な作りとウィットある造作から販促品の範疇を飛び出し、商業芸術作品として再評価を得る。現在では各国にコレクターが生まれ、専門店ができたりネットオークションで高額落札されたりするものもあるなどと、ワールドマーケットのコレクターズアイテムとなっている。今回はその中でも買い易いものをチョイスしてみた。

火を吹くジャガーはヒーターのブランド。シンプルだが訴求力は強い。

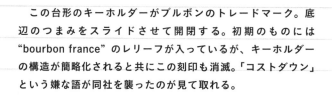

この台形のキーホルダーがブルボンのトレードマーク。底辺のつまみをスライドさせて開閉する。初期のものには"bourbon france"のレリーフが入っているが、キーホルダーの構造が簡略化されると共にこの刻印も消滅。「コストダウン」という嫌な語が同社を襲ったのが見て取れる。

地球の上にそびえるジョッキから溢れる白い泡。ビール会社のブルボン。参考価格2000円。

チーズ会社のブルボンは製品のミニチュアをダイレクトに封入。なかなかリアルに出来ている。

フランス電力公社のブルボンは、この電熱器の上に乗る鍋をデザイン。このキーリングはかなりめずらしい。

日本でもお馴染みのミネラルウォーターのブランド。ボトルの中には色の付いた液体が封入されている。参考価格1800〜2000円。

一見では判りづらいが、フランスでは認知度の高い塗料メーカーのブルボン。普通ならば製品をモチーフにしそうなところだが、さすがはアートのお国柄。

ターコイズブルーにイエローという大胆な2色使いで魅了するブルボンは、なんと液体肥料メーカーのもの。開閉ツマミが赤いのもレア。

赤地に白で抜いた力強いロゴに、それを囲むように配されたゴールドのレタリング。とても上品でデザイン力も素晴らしい。唸ってしまうブルボンは冷蔵庫のメーカー。

車両を棒状のものが貫いているデフォルメが効くブルボンは、ブレーキメーカーのもの。キーリング共にブロンズ調で統一、「格調高めシリーズ」の一品。参考価格〜3000円。

こちらも製品のリアルなミニチュアをそのまま入れたブルボン。点火コードのブランドとのことだが、とても判りやすい。

これまた変わった形をした一品は電報の会社のブルボン。こういう変則的な形にも対応していたところが同社の真骨頂。参考価格1000円。

カメラの巻フィルムメーカーのブルボンは、ロゴを下方に配して上に空間を作るという離れワザ。なんの変哲もないように見えてジツに秀逸なデザイン。5角形のフォルムも素敵。参考価格2000〜3000円。

自社製品の王冠をそのまま封入したと思しきビールメーカーのブルボン。ずるい。参考価格1500円。

いかにもミッドセンチュリーといったデザインの可愛らしいキャラクターとは裏腹に、スポンサーはラミネート用積層樹脂というお堅い工業用材料の大手メーカー。こういう一般に馴染みの薄い企業こそ、販促品では真逆に弾けることが鉄則だ。参考価格3000円〜。

表裏のデザインが違うブルボン

表は社名、裏には同社の製品のレリーフが入る典型的なブルボン。乾燥機か何かのように見えるがストーブのメーカーらしい。

一見タヌキかと思いきや裏返すとシマシマの尻尾、指を天に指して自信たっぷりのキャラクターは老舗冷蔵庫メーカーのアライグマ。参考価格1500円〜。

また工業製品のメーカーかと思いきや、なんと宝くじ販促ブルボン。「アタリがたくさん！」といっているようなドヤ顔キャラクターについ釣られて買ってしまう客が続出か。参考価格4000円〜。

クラシカルなギザギザシルエットの工場を背景に社名とマーク。裏返すとパイプ状の部材で構成されたキャラクターが微笑んで佇む姿。フランスの足場メーカーだが、漢字で「中本」と読めなくもない（笑）。参考価格1500円〜。

自社製品と思しきパッケージをモチーフにした工業用モルタルメーカーのブルボンは、よくよく見るとイラストの文字が表裏で違う。リキテンスタイン調でジツにポップ。参考価格1000円〜。

動くブルボン

シャンパンメーカーのブルボンは、逆さまにするとワインクーラーからボトルが飛び出す仕組み。液体を封入しているため、ボトルが泳ぐようにゆっくりと出てくるところがミソ。参考価格 2000 円〜。

こちらはシャンパンメーカーと同じ仕組みを使って、缶から刷毛が飛び出す塗料メーカーのブルボン。シャンパンボトルほどの華がないのが残念だが、缶のデザインの緻密さでそれを補っている。

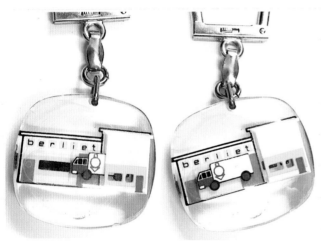

Paul Berliet が創業したトラックの老舗メーカーのブルボンは、傾けると工場から完成したトラックが出庫する。この仕組みもさまざまなブルボンに応用されている。参考価格 3000 円〜 。

フランスの新聞社のブルボンは、傾けると黒いケースの方からカードがスライドして来て社名が完成するというもの。この仕組みでイラストが変わるというものも何パターンかあるようだ。それにしてもフォント（書体）がカッコイイ。

かわいいフギュラル・キーホルダー

フランスに限らず、1950〜60年代は世界の企業がこぞってノベルティを制作した販促グッズの黄金期。生産コストの低さと使用頻度、そしてそのコレクション性も手伝ってキーホルダーはブルボンのみならず重用された。特に子供に喜ばれたキャラクターのキーホルダーは今でもファンが多く、レアアイテムは高値で取引されている。

合鍵作りや靴のリペアのチェーン店のキャラクター「Mr. フレッド」はベルギー出身。彼の背中にもしっかり社名が入っている。店頭で配布していたようだが現在の入手の可否は不明。

レストランの評価書ですっかり有名になった仏タイヤメーカーのキャラクター「ビバンダム」。今やいろいろなところで見かけるが、フランス製のビンテージか否かはキーホルダーの金具と造作でわかる。黒いタイヤを抱えているのはレア。参考価格 3000 円〜。

チョコレートブランドのクマのキーホルダーはそのままかじれてしまいそうな質感。この「寸止め」なデザインが今のプロダクトにない味だ。参考価格 1000 円〜。

英国のエネルギー企業ブリティッシュ・ペトロリアム社＝BP のキャラクターは激レア。この三角金具のものは特にめずらしい。参考価格 7000 円〜。

子供服ブランドのマスコットのクマは眼が社名の頭文字になっている。背中にもきちんと CI が貼られているという丁寧な造り。参考価格 2000 円〜。

満面の笑顔のエスキモーは洋服のブランドのキャラクターだろうか。詳細は不明なれど、この笑顔とイエローのコンビネーションにハッピーな気分にさせられる。こういうキャラクターは今いないなあ。参考価格 1700 円〜。

入手方法

　一番手っ取り早いのがヤフーオークションやメルカリといった取引サイトだろう。価格もリーズナブルでネットオークションに慣れている人ならこれらがベスト。海外のオークションサイト『e-bay』は一番リーズナブルに入手できるが、送料がかかるためその分を加算して利用するよう注意したい。

　また、東京大阪にはブルボンを取扱っているアンティーク雑貨店がいくつかあり、オンラインショッピング対応の店舗もあるので全国から利用が可能。値段は少々高めだがコンディションの良いめずらしいブルボンが揃っているので、プレゼントにはこうした店舗の利用が適しているかも。福岡なら取材協力してくれた東区の『マリンフォード』にも豊富に在庫がある。手にとって見ることができるのでオススメだ。

【取材協力】
[Marinford]
福岡市東区西戸崎 4-15-30

精巧なパーツに隙のないデザイン、そして見る者を魅了するアイデアと高い完成度。たかだかプラスティックキーホルダーが数千円？と思われるかもだが、もし今同じものを作ろうとしたらもっと高価になってしまうに違いない。あの時代だからこそ、こんなハイレベルなものをホイホイと配れたのである。半世紀経っても今なお色褪せないブルボンは、マスプロ製品の至宝。もしかすると今が一番安く入手できる時期かもしれない。最高に美しいと思える１本を自らのセンスで選びプレゼントにしたら、ブランド品なんかよりも何百倍もイキだと思うのだが、いかがだろう。

【参考文献】
『ひみつのブルボンキーホルダー』森井ユカ著／技術評論社

REVIVAL Story

レトロマンション再生❶
<ニュー千早団地>

今や一戸建てだけでなく、空室が激増しているのは集合住宅も同様。
大多数の都市生活者が住まうマンションは、
解体の困難さから再利用が戸建てよりもむしろ早く行なわれて来た。
その再生に福岡の古平屋再生チーム《 FLAT HOUSE planning 》が初挑戦。

　友人 Y さんが購入したのは、JR 鹿児島線／千早駅にある築半世紀近いマンション。外観は昭和によく見かけたスクエアな集合住宅。今となっては懐かしい佇まいだ。普通の工務店に頼めばイマ風にリフォームされてしまう可能性大、せっかくのレトロ感が損なわれるという懸念から、われわれ《FLAT HOUSE planning》に依頼が来た。施工できるか否かは中を見てからの判断と伝え、早速スタッフと内覧に出かけた。

エントランスには多方向から上れるピラミッド状の階段が。スペースを取るせいか、はたまたコストがかかるせいか今やめっきり見なくなった。

各棟の端に配された非常階段は外付けのフルオープンタイプ。これも今やお目にかからなくなった。

クリアのアクリル板に蛍光オレンジで描かれた階数表示板。

玄関は今の同サイズのマンションに比べるとやや広いだろうか。ドアがシンメトリではなく右側に偏って付いている不思議。

上がってドアを開けるとこの風景。市松張りのフロアや和室の多さが昭和築を物語っている。

令和の今となってはすっかりめずらしくなった、レトロマンションお約束のスチール製玄関ドア。カラーリングが好い。

なかなか広いダイニングキッチン。ここを中心に室内が構成されている感。左手が玄関。

右手の明るい部屋はなんと土間になっている。お年寄りが永年暮らしていたそうで、器具や建具などはほぼオリジナルのようだ。

住み始めてしばらく経ち荷物が増えたのだろう、そこかしこにデコラ張りの白いキャビネットが後付けされている。この雰囲気は概ね昭和50年代のもの。

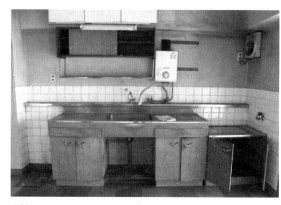

木製のキッチンユニットは以前東京の古い公団でまったく同じものを見たことがある。V字ハンドルは同世代のフラットハウスでもお馴染み。

一番窓側の部屋から玄関方面を臨む。中央の和室と奥の和室の間にある押し入れは両室から使えるようになっている。

バルコニーはギリギリ洗濯物が干せる奥行き。エアコンの室外機も上に吊っていた様子。

キッチンの隣にある不思議な土間は、外とサッシで区切られ部屋になっている。前住人が陶芸家だったそうで、ここで土を捻っていたのではないかと推測。元々はバルコニーだったかのようにも見えるが、1部屋を潰してアトリエとしてリフォームしたようにも見える。いずれにせよ、マンションにしてはめずらしいスペースだ。

長尺の蛍光灯はこの時代ならでは。我が家の米軍ハウスにもキッチン天井に同じようなものが付いている。

塞ぐ際に少し長さが足りなかったのか、これまたフシギな窓が付いている。よくよく見ると、本来横にして足下に設える掃き出し窓だ。

浴室はユニットだが狭くはない。おそらく一度リニューアルしていると見た。こちらも窓付きで明るく、使い勝手も悪くなさそうである。

ちょっと昔の設備だが、追い炊きができるとは素晴らしい。

脱衣所には洗面台と洗濯機の防水パンが同居。しかし両者のレイアウトがどうもおかしい。

イエローで統一されたトイレは窓付きで明るく不潔さはない。むき出しの配管も昔の公団そっくり。

浴室の窓はメタルメタルした金属製サッシ。上部にルーバーが付いていてガラス部分は倒し窓に。おそらく手作りだろう、とてもしっかり造られている。

Planning / 改修計画

　前住人がご高齢で退去したという話から、おそらく建てた当初から同一世帯にずっと住まわれていたのではないかと推測。おかげでリフォームされた形跡がほとんど見られず、オリジナルの状態をよく留めている。これならば「復元させる」という方向で手を入れることが適いそうということで、われわれで手掛けさせてもらうことに。先ずはいつものように間取り図を制作。木工、電気、水道、塗装、設備と5枚に分けて施工箇所を記入し、施主や各職人と改修ポイントを共有する。

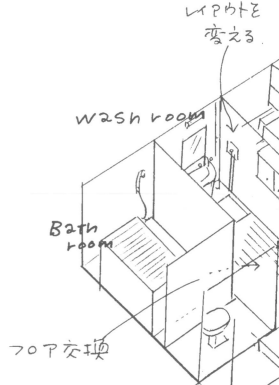

レイアウトを
変える

wash room

Bath
room

フロア交換

Entrance

撤去

NEW CHIHAYA DANCHI
RESTORE PLAN.

・照明器具 全て交換

・壁.天井.木部 全て再塗装

・キャビネット全て撤去

FLAT HOUSE planning

HIGASHI-ku FUKUOKA-shi
FUKUOKA 〒811-0321

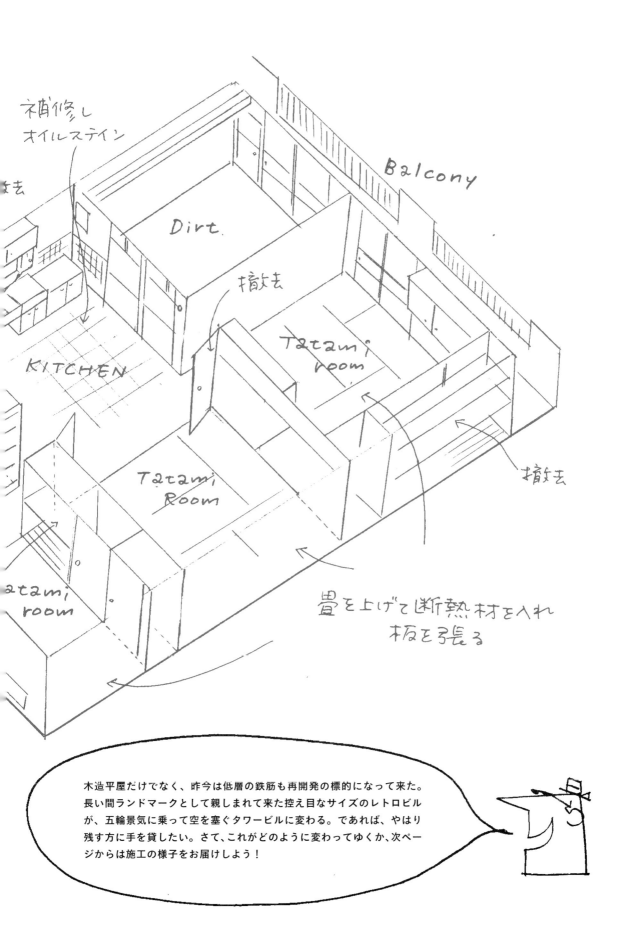

補修し
オイルステイン

Balcony

Dirt.

撤去

KITCHEN

Tatami room

Tatami Room

Tatami room

撤去

畳を上げて断熱材を入れ
板を張る

木造平屋だけでなく、昨今は低層の鉄筋も再開発の標的になって来た。長い間ランドマークとして親しまれて来た控え目なサイズのレトロビルが、五輪景気に乗って空を塞ぐタワービルに変わる。であれば、やはり残す方に手を貸したい。さて、これがどのように変わってゆくか、次ページからは施工の様子をお届けしよう！

まず、職人それぞれの仕事の進行を考えると同時に、現在ある建具や器具のどれを残すか、交換する場合はどんなものを入れるかを選別・検討する。

［ 搬 入 ］

元から付いていた照明器具は全撤去し、代わりに欧米の 50〜60 年代製のライト（写真左）を取り付けることに。建物もほぼ同世代なので、これまでの物件同様インテリアも年齢を合わせてやる。

ミルクガラスが可愛らしい 1950〜60 年代の海外製照明器具はデザインもさまざま。今の日本製にはない雰囲気のものばかり。

スイッチパネル・コンセントパネルは、破損しているもののみ交換。あとはすべてクリーニングして継続使用。

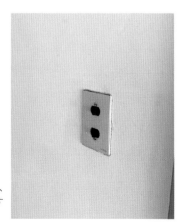

［水 ま わ り 設 備］

元々あった洗面台は、中途半端に古く
室内の雰囲気を少なからず損ねていたた
め撤去。コンディションの良いレトロな
琺瑯製シンクが入手できたので、これに
交換することに。ただし透明のアクリル
製ハンドルが少々塩っぱい（悪い意味で
古臭いを意味するワレワレの用語）ので
アイアンの一文字ハンドルに交換する。

洗面キャビネットは、ミラー付きのメディスンケースをアメリカの
ネットオークションから入手。かなり年季が入っているためレスト
アして使用する。

パーツクリーナーで表面
をクリーニング。

ミラーを外し、目の細かいサンドペー
パーでサビを落とす。

ラッカースプレーで再塗装。一度に
塗らず、数回に分けて薄く塗るのは
いわずもがな。

洗面用具や化粧品などを置くシェルフは、ネッ
トオークションで入手した東洋陶器（現 TOTO）
の古い陶器製を取り付ける。この筆記体ロゴは
昭和 30 年代後半に作られたものの証。

Construction / 施工

　木工と塗装の連携がとても大切。新築と違い、再生工事ではお互いの仕事が絡み合っているからだ。とりあえずは木工が施工の口火を切る。

［大工］

再利用する床は、コンディションの悪い部分をピンポイントで切開し修復。時間も神経も使う仕事。

畳はすべて撤去し、断熱材を敷きフローリングのベースをつくる。ひと部屋だけであればなんら問題のない仕事だが、収納をまたいで3部屋を連続させるため、気を遣う箇所がしばしば現れる。

洗面台と洗濯機を置く防水パンの位置がめちゃくちゃだった脱衣所は、レイアウトをやり直し。まず設備を借り置きして配管類の位置決めをしてからフロア材を張る手順。

マンションなどに使われるブロック状になったフロア材は使用しない。

184

キッチンには食器を置くシェルフを造り付ける。棚の高さを
アジャストできる棚は、家具職人のK氏の真骨頂。

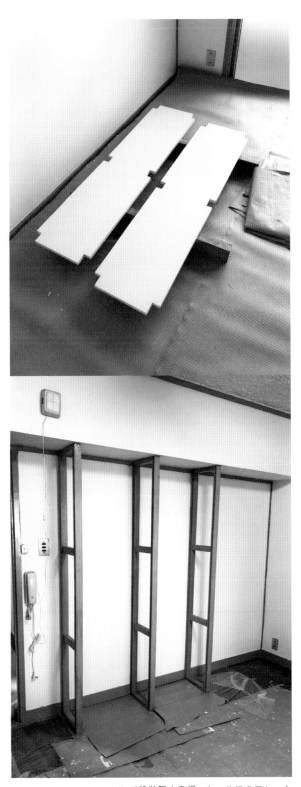

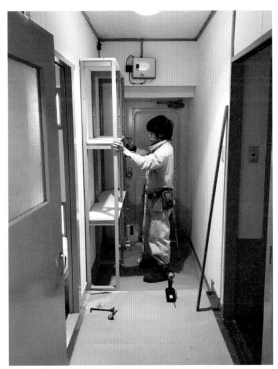

玄関にも同様のアジャスト可能のシェルフを設置。少しセット
バックしている左側の壁にぴったり収まる奥行き。

ここで塗装職人登場。シェルフのフレーム
と棚板は彼らがペイントする。

Painting / 塗装

　木工が終盤に差しかかる手前、職人の足場の邪魔にならないような箇所から塗装が始まる。その上天候にも左右されるため塗装のスケジュール管理は案外難しい。

床の下地処理が終わり、フロア材が現場に届く前に壁の塗装を開始。張った後だとマスキングも細かになるのでこのタイミングがベター。

その後フロア材が張られ、完了すると床塗装開始。

キッチンから土間を横切るダクトも木部同様グレーに塗装した（写真左）。オリジナルの市松張りフロアは、剥げやシミがひどかったためオイルステインで塗装（写真下）。

今回ベースカラーは、木部は3分艶のグレー、壁面は艶消しのホワイトにした。これは筆者が以前住んでいた東京のフラットハウスに倣った配色で、《FLAT HOUSE planning》の定番カラーになりつつある。

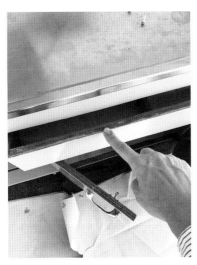

キッチンユニットなどの引き出しのこういった部分は、
往々にして塗り残しが生じる箇所なので要チェック。

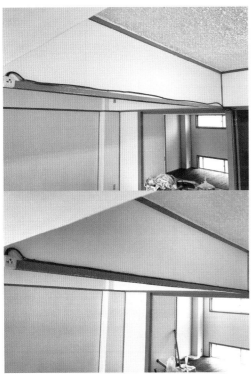

壁を這っていた後付けのコード類も、桁に合わせ張り直
してから再塗装した。

脱衣所とその中にあるトイレの壁は、下から60cmの部分を
グレーに塗った。むき出しになっている配管類も再塗装。

約2カ月間の施工期間
を経て改修完了。時代
は平成から令和になっ
ていた。

撮影協力：高木光喜／林圭一

いよいよレトロマンション再生の最終章。築半世紀の公団型集合住宅がいったいどんなふうに完成したのか、じっくりご堪能あれ！

Entrance / 入口

帽子や洋服をかけるフックがなかったので、デッドストックの金具を使用して新設。大小を交互に取り付けた。

今の同サイズのマンションよりも広めの玄関は、タタキ部分も再塗装し棚板アジャスト可能のシューズラックを設けた。

写真右手の玄関から短い廊下を抜けると広がるのはダイニングキッチン。隣室と連続させたため、12 畳ほどの広いリビングダイニングに変身。木部は３分艶のグレー、壁はつや消しのホワイトに再塗装した。

Kitchen / キッチン

キッチンユニットは傷んでいる部分をリペアし塗装をかけた。キャビネット内部は永年の汚れがたまっている箇所なので新材でレストア。一般的なリフォーム業者であればワンルームマンション的なユニットで全交換するところだろう。

〈Panasonic〉統一前の〈National〉のロゴが懐かしいドアベルもコードをつないだら通電したので継続使用が決定。

換気扇はキレイに洗浄して継続使用。ガステーブルはシンプルなデザインの現行品を設置した。

流し台を背にして見た図。右手のドアが玄関方面。4 部屋すべてを繋げたためかなり開放感がある。

キッチンの壁にも玄関と同様のシェルフを造り付けた。まだ冷蔵庫が小型だった時代に建てられたせいか、フリーザーを置くスペースがなかったため、シェルフ横に定めた。

ベランダ側の部屋から玄関側を臨む。これだけ間仕切りのないスパンはこのサイズのマンションではなかなかない。スペースを使うような仕事でも SOHO（自宅兼事務所）として充分使用できそうだ。

照明器具はシーリングライトのみ。専門業者が2日で設置完了したが、古い外国製ゆえ手こずる場面も。

押入れは棚板を外して床板を敷き直した。収納にするもよし家具を設置するもよしのユーティリティスペースに。

玄関側の4畳間からベランダ方面を臨む。隣室との間に両室から使える押入れがあり、そこも部屋として連続させた。

土間の部屋も再塗装をかけ、蛍光灯はビンテージのシーリングライトに交換。ここにハンモックを吊ったりテントを張ったりしても面白いかもしれない。

黄色い埋め込み型の陶器製棚は、外して埋めようという案もあったが残して白く塗装した。4つの穴は鏡を留めていたビスの跡。

脱衣室の洗面ユニットはかくのごとく設置。ライトとキャビネットが米国製、陶器製棚と洗面台が日本製だが、製造年代を揃えてやるとこんなに違和感なくまとまる。

隣室から見た脱衣所。ツートーンのカラーリングが美しい。

実はこのマンションの和室は基本電灯のスイッチが付いていない。昔の照明は本体の紐がスイッチになっていたからだろう。それゆえ今回は米国製のスイッチを新設した。

木造家屋専門の《FLAT HOUSE planning》だが、終わってみれば瀕死状態物件の再生はマンションであっても意義あるものだった。今やこんな集合住宅は全国に膨大にある。そして平屋には住みたいが物件がないと諦める"待機フラットハウザー"も少なくない。イマ風に改修するのではなく、平屋同様丁寧にリノベートすれば古家ファンも流れ込み、埋まることで建て替えをやめるレトロマンションのオーナーも増えるかもしれない。この動きがリノベーションの主流となったら…と呟きつつ次なる物件へ。「古家再生」の道はまだまだ続く。

COLUMN

▌ 古物を愛する人々 ▌

昨今の人気イベントには、必ずといっていいほど「古物」が何かしらの形で絡んでいる。食のイベントの片隅にアンティーク雑貨の店が出ていたり、古書が並んでいたりするというように。去る5月25日に行われた2つのイベントはまさにその好例。奇しくも同日開催した両イベントで出会ったのは、古いものをこよなく愛する人々だった。

【はこざき暮らしのあとつぎ市】

伊都への移転のために進む、九州大学箱崎キャンパスの学舎の取り壊しもほぼ完了。なんでもその場所に引っ掛けてか、古物市が解体跡で行われるという。タイトルには、使わなくなった物たちの次の行く先を探すという意味が込められているそう。5月の最終週末、季節外れの真夏日の午後。「本当にもったいないの一言に尽きる」という周囲の古建物ファンの声に後押しされつつ、ぽつんと残った旧工学部校舎前の会場へ。

古建具の前で話しているのは主催者の斉藤さん。個人的に久々のご対面。

物色のっけからまた友人に遭遇。筆者が最初に福岡で改修仕事をした際に手伝ってもらった牛島氏のブースには、国内品のデッドストックから欧州で買い付けて来たという工具、パーツ、小物が並んでいた。

「あまりにも大勢のお客さんに囲まれてしまったので一旦商品を下げました」という店主の主客転倒な発言に爆笑。しかし古い陶器製のフックやスイッチ類など、めずらしいものが相変わらずたくさん揃っている。

出店者は薬院の名店『回Kai』のオーナー佐野さんだった。道理でこの品揃えと納得。本日の目玉はこのザ・スパイダースのアルバム。オリジナルの熱転写デカール付きとはまたレア！

中古レコードのブースはかなりツウな方々の出店との前情報あり。DISK UNION のダンボール箱からしてもうそのニオイが。

もう一人の出店者の松尾さんは、後出する福岡メーデーにちなんで60年代のモッドなジャズキーボーディスト／ジミー・スミスをプッシュ。こんなアルバムがこんなふうにすっと出てくる蚤の市って……。

７インチ（シングル盤）のクオリティの高さに驚愕。しかもリーズナブル！

レアレコード店の隣はと目をやるとまたもや友人、ブックスキューブリックの大井さんのお店。物色しているお客さんの出で立ちもまたアナクロです。

大井さんの本日のリコメンドは、ご親類が描いた旧校舎の水彩画が印刷された絵はがきセット。いずれ懐かしくなるだろうと購入者が続出だそう。

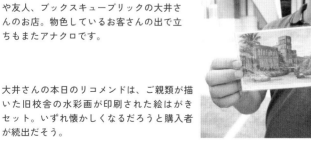

こちらはまだ学生っぽいグループの古書店。ここまでオジサン攻めにあっていたためここで清涼剤を一服。推薦書は谷崎潤一郎の『痴人の愛』と梨木香歩の『裏庭』でした。

COLUMN

こちらは洋書の写真集やアート系の大型本を出しているお店。革トランクの中に布を敷いてキレイに陳列されているところからも古書への愛情が窺える。

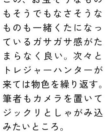

この、お宝そうなものもそうでもなさそうなものも一緒くたになっているガサガサ感がたまらなく良い。次々とトレジャーハンターが来ては物色を繰り返す。筆者もカメラを置いてジックリとしゃがみ込みたいところ。

久留米から参加の清水さんはご家族で出店。使わなくなったものは次使う人の手に渡すまで責任を持つということを、この年齢から経験させておくのは学校の授業よりも有効だ。

筆者の釣果は7インチレコード10枚。なかんずく昭和歌謡6枚はお買い得だった。しかし昭和のレコードスリーブはどうしてこうも蠱惑的なのだろう。

こちらは1冊ずつナイロン袋に入れられて。蚤の市では滅多に見かけない丁寧なディスプレイ。

清水さんのイチオシの一冊は『NIPPON 名取洋之介と日本工房』。戦前の内閣情報部による対外宣伝（プロパガンダ）のためのグラフ誌『NIPPON』を通して、日本のグラフィックデザインの黎明期を写真で綴った希少な一冊。

【MODS MAYDAY Fukuoka 2019】

1960年代の英国に発祥したユースカルチャー、モッズ・ムーブメント。そして彼らと反目し合っていたロッカーズ（P132〜参照）。両者がロンドン近郊のビーチリゾートで激突した1964年5月18日の「ブライトンの暴動」を記念して行われているイベントが「モッズメーデー」だ。その後モッズカルチャーは世界規模で飛び火し、5月ともなれば今や本国のみならず全世界のさまざまな都市でこの日が思い起こされている。日本も例外ではなく、東京・大阪そして福岡でも毎年5月になると開催。風薫る季節、今年も60年代のカルチャーを愛する人たちが舞鶴のクラブに集結した。

昼さがりの今泉公園。トニックスーツを着込んだモッズたちが、ライトやミラーでデコレートしたビンテージスクーター（バイクではなく！）にまたがりどこからともなく集まり出す。車種はピアジオ社のヴェスパとイノチェンティ社のランブレッタの2種。どちらもイタリア製で半世紀以上前に生産されたもの。各々が時間をかけそれぞれのセンスで仕上げてくる。

SCOOTER RUN

モッズメーデーは、ライブが始まる前の日中スクーターで街を流すスクーター・ランから始まる。

博多の街をクルージング。スクーター・ランにはただ走るというだけでなく、自分たちの主張とファッションアイデンティティをデモンストレートする意味合いがある。

信号待ちでの会話がまた楽しい。ここでお互いのスクーターやファッションをチェックしたりも。

17:00 長浜公園に集結したスクーターが再び整列。海とスクーターは相性がいい。そして日没を眺めつつ一行は舞鶴のクラブ《Kieth Flack》へ。

スクーターにはシーシーバー（背もたれ）が付けられるためタンデムも意外に快適。

ガード下など天井がある場所を走るとエンジン音が共鳴し、否が応にもボルテージが上がる。

Patina In My Life

暮らしに古物を！

Vol.09

【オールドコットンテント】

今回は一番重要なキャンプアイテムである天幕＝テントのビンテージを紹介しよう。欧州はピクニックがさかんな地域であるせいか、居住性を重視した大型のバンガロータイプが70年代から流行する。素材は化学繊維ではなく通気性の良いコットン製が主流。多人数での長期滞在が可能でさながら"折りたたみ式 FLAT HOUSE"といった観。斬新なデザイン、美しい色使い、洒脱なインテリア、タイプもさまざまで見ていてとても楽しい。張ればキャンプサイトの注目のマトになること受合いだ。

取材協力：『Gadget Mode ／ガジェットモード』 http://www.gadgetmode.jp

マルシャル バンガロー6型［フランス］

ビンテージコットンテントでは寒色系か暖色系かで人気が2分するが、このマルシャルのブルーテントは寒色系の代表格。ツートーンの切り返しが少し90年代風だなと思えばやはりその頃、80〜90年代製だった。

手前にオーニングが付いていて造りが住宅っぽい。ここにテーブルを出せば食事やお茶が愉しめるというわけ。寝室はツインと4人に分割が可能。洒落た総柄カーテンも付いている。

マルシャル シャレ5型［フランス］

ビンテージのコットンテントといえばこのマルシャル社がトップ・ブランド。透明のナイロン製窓にカーテン、そして切り妻型のルーフ。テントというよりもう FLAT HOUSE である。80年代のキャンプブームのときには日本にも入って来てはいるものの"いつかはマルシャル"というキャンパーも多い垂涎の一棟。手前のスペース（写真下）がリビング。その奥には寝室が3部屋。ポールがすべて鉄製のため、オートキャンプオンリーだがその分強度は高い。芝生のリビングにはダイニングテーブルがスッポリ納まりそうだ。70年代製。

ラクレ チボリ4C型［フランス］

鉄骨ではなくアルミポールのためフレイムが非常に軽く、日本のキャンパーの間では高い人気を誇っている一棟。このタイプは4ベッドルームだが、同型で6人用もある。タグのデザインもいい。こういう部分にも手落ちがないのが優良品の証だ。心なしかRACLET のフォントがあの懐かしいゲームのロゴに似ています。70年代製。

アンドレジャメ アルパイン2型［フランス］

バンガロータイプのテントとしては最小、ソロキャンプに丁度良いサイズ。これならば軽自動車はおろか二輪でも運べそうだ。こんなに小さいのに寝室部分が分かれている、いわば1LDK。パティーションのチェック柄がまた可愛い。70〜80年代製。

ラクレ アキラ ［フランス］

目の覚めるようなパキッとしたブルーの本体に、鮮やかなリバティ風の小花柄のカーテンがとても奇麗な一棟。テントというよりコテージといった雰囲気は、女性のみならず男性ウケもしそうなルックス。骨組みは軽量アルミポールのため運搬性も良好。

たたむとこんな荷姿になるが、これが結構大きくて重い。そのため、欧州からの送料も高くついてしまう。

萌え立つ緑といわゆるフレンチブルーのコントラストが眩しい。カーテンの小花柄がフシギとうるさくない。グリッドが白いので借景も邪魔しない。

ポーチ部分の上部に大きなベンチレーションが付いている。ルーフがベージュなので採光も良い。

部屋は「ベッドルーム」と呼びたくなるような無垢な雰囲気が漂う。さすがフランス製。

ブラックス サファリ アーガイルウィンドウ［イギリス］

フランス勢が占める中、ライバル隣国英国の孤軍奮闘ブランド『ブラックス社』のテント。創業はなんと 1850 年という老舗中の老舗。70〜80 年代製。

ブラックス社は第一次大戦時に軍用を製造したのがテントメーカーとしてのはじまりだという。戦後は平和産業へと移行、スポーツ／アウトドア用を世に送り出している。

名前にもあるようにモダンなアーガイル格子のウィンドウが特徴だが、なんとかして仏製テントと差別化を図ろうとしたと思しき努力の跡が殊勝に映る。パーツは多いもののアルミ製のため、総重量は比較的軽いエレガンスな一棟。

ここまでやると仏ブランドへの対抗心をむき出しにし過ぎた感も否めないが、これはこれでキャンプの数日間を楽しく過ごせそうだ。

英国ミッドウインターのカップ＆ソーサのごときフラワーパターンで埋められた内装が、テントの中と思えないほどゴージャスな空気を醸している。

キャバノン ネプチューン3型 [フランス]

本家フランスはキャバノン社の一風変わった
デザインのテント。主流の切り妻の三角屋根
とは違ってリッジタイプに近いフォルムをし
ているが、どこかユーモラスで愛くるしい。
前出のアルパイン2型同様、少人数仕様。

落ち着いた雰囲気のロゴは切り妻屋
根のテントがモチーフ。

サイドドアのおかげで
フロントの視界はスッ
キリ。朝起きればこん
な景色が覗く。

エントランスはサイドに開いている。その名の由来はこ
の横からのシルエットが魚を連想させるからだろうか。

ソンブレロ セラヴィーラ5型 [チェコスロバキア]

旧チェコスロバキア製のこれまたレアな一棟。家でいえ
ば幅木の部分がマルチストライプに切り返されており洒
落ている。5人宿泊可の70年代製。

ルーフが白いので内部が明るい。グラフィ
カルなパターンのカーテンはフランス製。

商品名のロゴタイプ
は"ありモノ"では
なく、改めて描きお
こしたオリジナル
フォントのようだ。

スクリーンに格子の
プリントがないため、
借景がすっきり映る。

ウォーカー テンケイト6型 [オランダ]

現在もキャラバンテントの製造販売を続けるロイヤル・テンケイト社は、繊維製造販売のグローバル企業でもあるため、色を出しにくいコットンテントにあってひときわ鮮やかな発色を実現させている。ライムグリーンとオレンジのコンビがキャンプサイトでも多くのキャンパーの日を引くこと受合い。70年代製。

エントランスには大きな間口があり、細長いトランザムスクリーン（採光窓）が配されていてとても明るい印象。奥にはベッドルームが3分割されている。思わず入ってみたくなるファサードだ。

インナーはもちろん虫除けのフライシート（網戸）までもがコットン製とは素晴らしい。右側トランザムのジオメトリックな柄のカーテンがまたモダン。正面のスクリーンは下3分の2が目隠しのためかエンボスが入っている。

テント名と社名が1枚にデザインされたタグはもう「カワイイ」の一言。

後方の窓フレイム中央には巻き上げたスクリーンを留める金具が付いている。こういう細かい部分にも抜かりなし。

こちらも前出のラクレ同様こんな荷姿。やはりクルマでないとキャンプ場への運搬は困難だ。

BBQした後はシュラフに包まるだけというのがお定まりだったキャンプも、今やこういったビンテージテントの中でアンティーク用具を使い、ゆったり過ごすというグランピングスタイルに人気が集まってきている。今回のテントも中古車が買えるほどの価格帯ながら常に品薄状態だそう。ローンを組んで小さな戸建てやマンションを買うならば、ビンテージテントを数張り買って週代わりで楽しむなんていう方がずっとオツではないか、と思うのだがいかがだろう。

暮らしに古物を！
Patina In My Life
VOL.10

【ビンテージランタン】

「夜はどうするの？」とは、以前キャンプ未経験者から移動中にマジメに訊かれた質問。ハイ、ランタンという照明器具を使うんですよ。ランタンには、ガスボンベを装着して灯すガスランタン、タンクに灯油やガソリンを注いで灯すケロシンランタン、そして電球や蛍光灯、LED などで照らすエレクトリックランタンなどがある。そして昨今脚光を浴びているのがオイルランタンだ。昔日はパラフィン油などのオイルを燃料とするこのタイプが主流だった。今回はこの4種それぞれのビンテージ品を見ていこう。昨今は復刻も多いが、やはり昔のものはどれも現行品とは一線を画したイイ雰囲気を醸している。

ケロシンランタン

灯油を燃料とするケロシンランタンは、光量・燃焼の安定感共に抜群。芯に着火するタイプとマントルを使用する2タイプがある。

ドイツの FEUERHAND や DIETZ に代表される、いわゆるハリケーンランプと呼ばれるランタンがこれ。嵐の中でも支障なく燃えていたことからこの名が付いた。左右のハンドルのようなパーツは暖気を対流させるパイプで、これが名の由来である安定ある燃焼をキープさせている。そしてX字のワイヤーがしっかりと海鞘をホールド。安定感を持ちながらもどこか理知的なイメージのあるこのタイプは最も人気の高いランタンだろう。ドイツ以外でも英国や日本でも作られているが、こちらはめずらしいチェコスロバキア／Meva 社製。

オイルランタン

昨今のアウトドアブームの中で人気を集めているのがオイルランタンだ。他種に比べて光量は少ないが、雰囲気は抜群。前項で紹介した欧州製コットンテントやあらゆる器具道具をビンテージで揃えるキャンパーの増加で、その価値の見直しは著しい。ガスやケロシンランタンのような排気が出ないため、テント内だけでなく屋内使用もできる。

米国の Coleman、ドイツの Petromax、そしてこの英国の Tilley がマントル式ランタンの御三家である。しかし Tilley 社のみ 1970 年に生産を終了。今入手できるのはすべてビンテージ品ということになる。赤と黒のコンビが Tilley の代表カラーだが、このゴールドとブラウンのコンビは通好み。家のインテリアとしても使えそうだ。

スラリとした海鞘のこのランプは 20 世紀初頭のアメリカ製。凍った湖面でスケートをする際に使われていたといわれている。ガソリンや灯油を燃やすランタンは低温に弱いため、オイルで灯すこのスケーターズランタンが重用された。プレスガラスシェードにガードがないため、シルエットが実にエレガント。メーカーの刻印もなくデザインはアノニマス。キャンプ用とはまた違ったエキゾチックな一台である。

オイルランタン
[カンブリアンランタン]

シリンダーのようなラインが美しい筒型ボディはカンブリアンランタン（マイナーランタン）と総称されるランプ。産業革命を経た英国の炭鉱で使われ始めたランタンで、坑内のガス検知器としての役割も果たしていたという。燃料はパラフィン油。ご存知ジブリ映画『天空の城ラピュタ』で主人公のパズーが坑道で手にしているのがまさにこれ。

長い間炭鉱夫たちに愛され続けたが、現在製造しているメーカーは E.Thomas & Williams の 1 社のみ。しかし今世紀に入ってオールドスタイルキャンパーたちが目をつけ、テント内の照明として人気を博している。

こちらは少し小ぶりなボディのカンブリアンランタン。このランタンを最初に作った技術者が特許を独占しなかったため、数多くのメーカーがこのランタンを作れたといわれている。そのためさまざまなサイズやデザインのものが存在するようだ。銘板にはメーカーのブランド名が刻みつけられている。

オイルランタン
[ケリーランプ]

カンブリアンランタンが炭鉱からならば、このケリーランプは一般家庭からキャンプに出てきたランタンだ。1930〜40年代から60年代初頭まで英国の一般家庭で使用されていたというこのランプは、そのルックスの可愛さから昨今のオールドスタイルキャンパーたちに大人気。ミルクガラスに映る炎は控えめで可憐、サイズも小ぶりで邪魔にならない。タンク下部には砂が入っており、転倒しづらい設計になっているのでテント内でも安心して使える。

ミントグリーンが愛らしい典型的なケリーランプ。ノベルティ的な売り方もされていたのか、店名がプリントされている。

ケリーランプは商品名であり、本国ではナーサリーランプとも呼ばれる。こちらはタンクもミルクガラスというめずらしい一台。

クリアなシェードに無塗装の真鍮タンクというラギッドな一台。

エレクトリックランタン

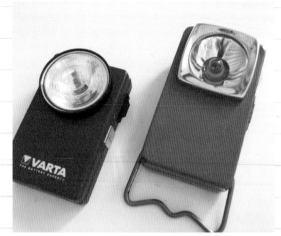

カンブリアンランタンを LED ライトにコンバートした一台。
灯りの風合いを落とさないようにするのが難しいはずだが、
なかなかよくできている。

平たいボディに一ツ目ライ
トは、自転車に取り付ける
ハンディフラッシュライト。
背面の金具を起こせばぶら
下げられるので、キャンプ
にも使用できる。

50〜60 年代に入るとバッテリーで点灯させ
るランタンが登場し始める。キャンプ専用
という括りはないが、スイッチひとつで点
けられるため燃料式ランタンを点灯させる
までの補助用としてなど、キャンプでも用
途は広い。特に夜中トイレに行くときには
重宝しそう。箱付きのデッドストック。

ガスランタン

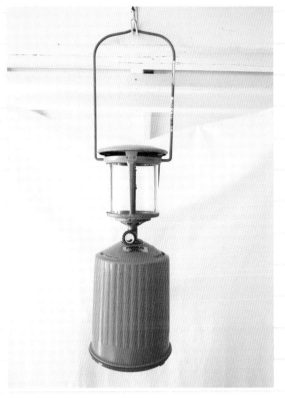

すっきりとしたビタミンカラーのボディは、スウェーデンの燃焼機器メーカーPRIMUS 社のガスランタン。名前を聞いてバーナーを思い出す向きも多かろう。タンクにあたる下部にカセットボンベを装着して使用するため、給油の煩わしさもないし手も汚れず簡単。味わいという点では前者らに引けを取るものの、最も扱いやすいランタンである。70 年代製。

赤色灯との切り替えがついているランタン。フックが付いてるのでテント内に吊るすことができる。ピンチをバッテリーに挟めば長時間の使用も可能。英国製。

取材協力：
Gadget Mode
（ガジェットモード）
東京都立川市富士見町 5-6-15
YAMAS アパートメント 1 階
info@gadgetmode.jp（通販可）

５月から６月にかけてのキャンプは、まだ虫も少ないため絶好のシーズンといえる。ランタンの揺らめく炎を眺めながら、少し肌寒い外気の中でまどろむのにはこの時期が最適。そんな時間を共にするのは、新品ではなく幾年月も照らし続けてきた古い器具がいい。必ずやあなたに something をくれるはずだ。

Omnibus of Patina In My Life

筆者が購入したプロダクトの数々をオール手描きで綴るシリーズ。もちろんメインはユーズド品。
デッドストックあり、廃番商品あり、ガラクタ扱いされたビンテージあり、
見落とし高価値商品あり……どれをとってもやはり中古品が圧倒的に面白い！

Patina 総決算❸

▼ アトリエで使っていたMDコンポが昇天してしまった
ためにて 買い入れたのが
《BOSE》の AW-1D.
カセットデッキも付いて
いるので歴代のメ
ディアが聴ける.
前オーナー手製?
のカバー付きで
10000円.

カバーは自作？ →

▼ タグイ付き新古品
を古着店で5000円
で購入したイタリア
の登山靴ブランド
《LOMER》の
一足.
藤色と
ブラックの
コンビに
一目惚れ.
プロパーで
40000円
だそう.

▼ ノルウェーの老舗登山
具ブランド《MAMMUT》の
ダウンジャケットはつくりは元より
カラーリングが良い. 60000円ほどの
モデルが 古着店で 1/3以下.

MAMMUT

▶ 町内の
米軍ハウスヤード
セールで入手した
コーヒー豆の缶.
3人の南米人風
キャラクターが
とってもラブリー.
300円.

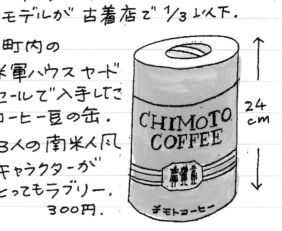

CHIMOTO
COFFEE
チモトコーヒー

24
cm

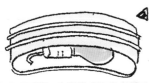

◀ メタル製のオーバル型シェード ▶
が"モダンな60年代のベッド"
ライトはワンペアで"貝購入.
現在は再生を手がけた鞏固の
フラットハウスのリビングルームの壁で"絵を照らしている.
アメリカのオークションサイトe-bayで"

◀ 90年代にウエストバッグで"日本のアメカジ市場
を席巻した《MOUNTAIN SMITH》の
ナイロンバッグは初見の角柱型.ネットで"
検索しても出て来ないのはレアモデルだから?
おそらく自転車の　　　　リアバッグで"はなかろうか.
着替えが4又め　　　　　　易くキャンパーでも重宝.
　　　　　　　　　　　　　2800円.

　　　　　　　　　　　　の終わりに登場
　　　　　　　　　　　　－ムだったが
　　　　　　　　　　　　ダイ》

▶ ファミコン誕生前の70年代
した「LSIゲーム」は1台1ゲ
玩具市場を席巻,この《バン
のグランプリチャンピオンも当時の
製品.液晶に取って替わられる前
の発光ダイオードがグラフィックを構成.
今見るとジツにクール.元箱＋取説
が付いて5000円を切
る破格.

◀ 庭に中古枕木を
敷く際,長さを切り
揃えるために大手
リサイクル店で"貝購入したオンボロ
丸ノコはMakita製.刃を
新品の良いモノにしたら
超ハイ・パーフォーマンス.それで"
4000円は大当たりの部類.

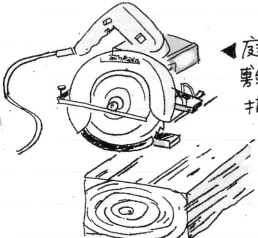

▶ 古平屋 再生の際に海外業者から
まとめて購入したビンテージライトの中の11個は
あの《ルイス・ポールセン》のものだった！

本体にロゴが
しっかり刻印されたレアな
スポットライト。

コンセントが欧州タイプ

◀ ホーローのミルクパンはノンブランド品ながら
なかなか佇いが良い。某フリマサイトで
送料込みで1000円をセロった。

▼ 英国の陶石磁器ブランド《T.G.
GREEN》と計器メーカー《SMITH》
とのダブルネームのプレートクロック。ギンガム・チェックを
拡大したようなデザインのコラ
ボシリーズ『GINGHAM』
は立川ガジェットモードで8000円。

GRAMiCCi

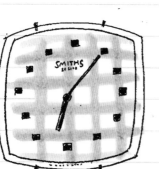

▶ フリークライマーのウエアをカジュ
アルに展開する《GRAMICCI》
のフリースパンツはXSのレアサイズ。3800円。

▶ 東京品川区の解体される屋
敷から救出して来た4棹もの
シャッケースは、その当時家を
建てた大工が部屋に合わせ
て作ったという年代モノ。丁
寧に清掃し寝室に設
置。バトンはしっかり
受け取りました！

▷ ロングステーのバックミラーは from U.K.
《STADIUM》製. 箱付きで3500円
は超破格・立川ガジェットモードで.

コレデス.

◀ インディアン
のセラミック製
フィギュアは
Sくんの店でひと目
惚れ. 物々交換で"トレード"

成立. 1950〜60　　　年代には
　この手の　　　　　オリエンタルな
フィギュアが米国　　など"で大量に売られ
たが、この作家　　　のものはクオリティが
とても高い.

◀ 料理だけでなく
焚き火の時にも
重宝する両寸熱
小生グローブは
《Crusader Flex®》
未開封新古品 800円.

▼ 1.857年にアメリカ
で"誕生した工具メーカー
《KLEIN TOOLS》
のトートバッグは
　工具入れをタウン
　ユースにアレンジ
　したものだが、
ボトムの布をダブル
にするなど"、オリジ
ナル仕様く.
タグイ付き未使用が"
　　　5000円.

◀ タブレットとガラケー併用の
　筆者にとってデザイン
　を選べ
　ない

▲《NORTH
FACE》の
ポーチは
NS 20が"
ぴったり入る.
1200円.

現在は世紀末.
10年前にリリースされ
た《PANTEC》の
NS 20は見つけたら即
　買い. 気づけば"全色
　を保有していた名枚.
　アイボリーを 2000円で".

◀ 1900年代初頭からオーバーオールやペインターパンツなどのワークウェアを作り続けるアメリカの老舗ブランド《ROUND HOUSE》のエンジニア

キャップは低価格の800円.

▲ これも以前当コラムで角虫れた米軍ハウスのセールで買ったウイスキーの木製ケース. プリントされたキャラクターイラストやロゴが2色使いという贅沢さ. インテリアとしても映える出来. 友人割引で600円. 激安.

↑ LPがぴったり

▲ スタに買ったストーンズのアルバムは何故かこれだけ持っていなかった名盤をLPレコードで800円. 『LET IT BREED』

▼ 緩やかに加熱するアウトドアブームでキャンプ用品が高価化. 中でも《SNOW PEAK》は中古品も値が下がらない. 折りたたみディレクターチェアは髙宮のリサイクル店で3,000円という低価格. 2脚セットで貝賃入.

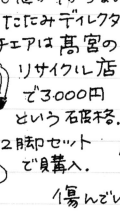

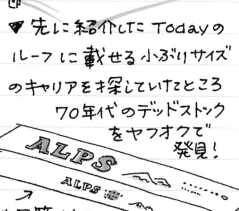

▼ 先に紹介したTodayのルーフに載せる小ぶりサイズのキャリアを探していたところ70年代のデッドストックをヤフオクで発見!

傷んでいるも元箱付き.

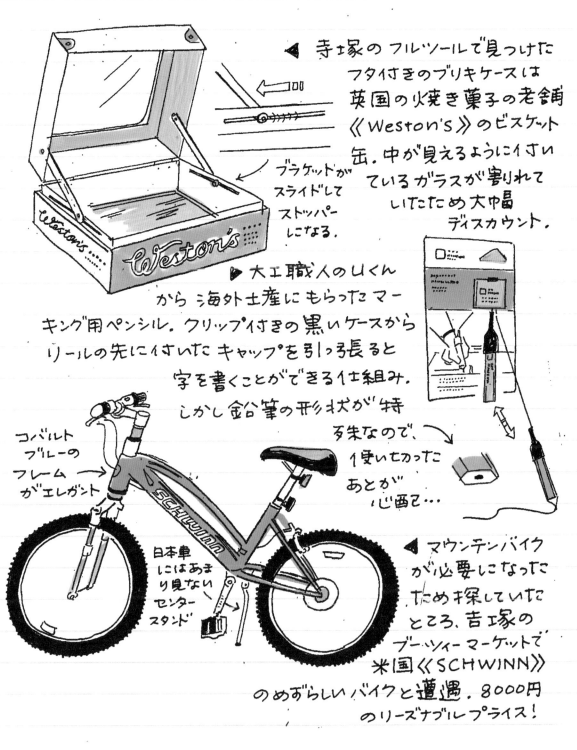

◀ 寺塚の フルツールで見つけた
フタ付きのブリキケースは
英国の焼き菓子の老舗
《Weston's》のビスケット
缶. 中が見えるように付いて
いるガラスが割れて
いたため大幅
ディスカウント.

ブラケットが
スライドして
ストッパー
になる.

▶ 大工職人のHくん
から 海外土産にもらった マー
キング用ペンシル. クリップ付きの黒いケースから
リールの先に付いた キャップを引っ張ると
字を書くことができる仕組み.
しかし鉛筆の形状が特
殊なので、
使いきった
あとが
心配…

コバルト
ブルーの
フレーム
がエレガント

日本車
にはあま
り見ない
センター
スタンド

◀ マウンテンバイク
が必要になった
ため探していた
ところ, 吉塚の
フリーマーケットで
米国《SCHWINN》
のめずらしいバイクと遭遇. 8000円
のリーズナブルプライス!

Omnibus
of
Patina In my Life

REVIVAL Story

レトロマンション再生②
＜東和荘＞

《FLAT HOUSE villa》にご来泊いただいた大分市の大工職人Kさんから、
現在再生を手掛けているという集合住宅2棟の内覧のお誘いが届いた。
元々は地元建築会社が『東和荘』という名称で社宅にしていた
築半世紀の4階建て鉄筋住宅なのだという。さて、いったいどんな物件なのか？

特筆すべきはこの建物が K さんの所有物だということ。解体されそうになっているところに待ったをかけ、「こんな古い建物を壊すなんてもったいない！」と 2 棟を丸々購入してしまったという驚きの経緯である。

鉄筋集合住宅にはあまり食指が動かない筆者も、このエピソードにはただならぬ情念と意気込みを感じ、半ば気圧されて馳せ参じた格好だ。

右が A 棟、左が B 棟。土地の取り都合から面白いレイアウトで建っている。

B 棟にはピロティがなく、造りが一般的な団地のよう。A 棟とは間取りも違う。

A 棟にはルームナンバーが書かれたカラフルなオーナメントが新設された。見積もりがあまりに高額だったため、階段ホール壁や窓上の凸部だけクレーン車を借りて、仲間と再塗装したという。

階段は手すりだけがオレンジ色に塗装。どこか一部分だけをビビットな配色に、というのが K さんのラテン的センス。

アルミ製が登場する前のアイアン製サッシは、かなりヤレているもののほぼ健在。割れているガラスはキチンと交換していくという。

A 棟 1 階部分はピロティになっており、クルマが駐車できる。この黄色が鮮やかなサニトラは K さんの愛車。

思いのほかすんなり上がれてしまう屋上からは扇山が見渡せる。ここに小ぶりなペントハウスを建ててバーにしたり泊まったりできるようにしたら、さぞや楽しいだろう。

牛乳受けの裏側。瓶2本が入る。まだ配達されたものを飲んでいた時代の遺物。

ドアはそれこそ公団のそれに酷似している。上からナンバープレート入れ、ドアスコープ、レタースロット、牛乳受け。

この手の集合住宅で玉石の洗い出しとはめずらしい。

玄関付近に水廻りが配されているのは公団のセオリー。小さな靴箱が設えられ、トイレは和式。昭和ど真ん中だ。

浴室前の脱衣スペースにはシンクだけの簡素な洗面台が。まだ多くの人が台所で洗面をしていた当時はこれだけでも贅沢だったはず。

消耗の激しいドアノブは交換されることの多いパーツで、時代もさまざま。中でも一番古いのがおそらくこのガラスノブ。激レア。

CFが張られている部屋
もあるが、オリジナルの
板床が残る部屋も。

右が玄関ブザー、左が碍子（がいし）製ヒューズボック
ス。右側は同年代の平屋でもしばしば見かけ
る。どちらも松下電気製。

これまた公団タイプの小ぶりなユニットが入った
キッチン。シンクよりもガス台部分の方が面積が広
いというのも時代を感じる。左上の棚にはトビラが
付いている部屋もあった。

合板ではなく無垢板を使ったユニットはタカ
ラ製。めずらしい初期のロゴパネル付きでK
さんご自慢の一台。

北側の4畳半は居心地の良さが改修
中でも伺える。天井は船底型。

掃き出しがないため、バルコ
ニーへは横からドアを開けて
出る構造。たまたまかもだが、
おかげで給湯器やエアコンの
室外機が借景に入って来ない。

南側は3畳間に仕切られている部屋と板の間になってい
る部屋がある。横に畳が3枚並んだスペースが何とも可
愛らしく、和室には惹かれない筆者も寝転びたくなった。

浴槽はほぼ正方形。内側は鮮やかなスカイブルー、四隅にはRが付いている。外側に一段ステップがあるのもまためずらしい。

SF映画に出て来そうなダイキャストのハンドルは湯沸かし器のコックだそう。今はトマソン。

窓のロックレバーがもうシンプルにカッコイイ。

東和荘の魅力は何といってもこのコージーな浴室にある。2畳ほどの細長なスペースには総タイル張りと表現しても差し支えないほどタイルが多用されており、採光も抜群。入浴する前から長湯してしまいそうなバスルームだ。

こちらは別室のオリジナルの浴室ドア。これにはシビレた。

一見何の部屋なのか戸惑うが、ジツに清々しい。

天井を抜き仕切りをすべて素通しガラスの引き戸に交換した部屋。開放感倍増、借り手もあっという間についた。

トイレは洋式にリノベート。唯一刷新しても良い場所である。

キッチンには洗面室を同居させた。新設したレンジフードも引き続きのデッドストック。個人的には「完全復元」が好みだが、ここまで整理すれば一般的なマンションからも移り住みやすそう。

Kさんがとあるルートで入手した60年代のトイレットペーパーホルダー。灰皿が付いているところがデッドストック然としている。

この手の物件は運よく残されても、事務所や店舗など別モノに転用されるパターンが多いのだが、敢えて住宅のまま再生しようというKさんには拍手を送りたい。今後は住人たちが飲食できるスペースや、民泊もつくる予定だという。こんなふうに総合的視点でリノベートできるところが、集合住宅を丸々所有する面白さなのかもと感じる。賃料設定も驚くほど安価。そうなればアーティストや作家たちが集まるだろう。カルチャー発信基地の役割を果たす可能性大の『東和荘』は、今後大分のエポックメイキングな場所になりそうだ。

COLUMN

▌ シティ情報 Fukuoka ▌

【日本で「ぴあ」の次に古く、現在も続く福岡発の古豪タウン情報誌】

ときは 1976 年。60 年代後半に隆盛を極めた学生運動やフォークゲリラはすっかり鳴りを潜め、前年には矢沢永吉率いる伝説のロックバンド／キャロルが日比谷の野音で解散。平凡出版社が創刊した《POPEYE》がユースカルチャーマガジンという新ジャンルを生み出し、若者をターゲットにした消費文化幕開けのスターターピストルは、まさに引き金が引かれようとしていた。戦後の若者文化はまたひとつ新しいフェイズを跨ごうとしていたのである。

一方、地方はタウン情報誌の黎明期。九州では福岡の大手印刷会社『秀巧社印刷』がタウン誌の発刊を企画、産声を上げようとしていた。72 年、東京で中央大学の学生たちが創刊させ成功を収めていたタウン情報誌《ぴあ》の影響が、地方にも文化情報という側面から街を捉えるカルチャーを波及させ始めており、九州一の大都市福岡もそのバイブレーションを受け取っていた。

当時同社の社長であった間が『プランニング秀巧社』という別会社を立ち上げ、タウン情報誌づくりがスタート。編集長に抜擢されたのは、東京で編集プロダクションに勤務していた福岡県出身の緒方邦博。スタッフには秀巧社印刷から出向して来た福岡大卒の元気な長身女性・佐々木喜代美と、デザイン担当の山永裕の 2 名。県内初であろう本格的な総合タウン情報誌の立ち上げは、このたった 3 名のメンバーで行われようとしていた。

のちに「ふくおかおじさん」と呼ばれるようになるキャラクターも創刊号表紙（写真右）ではピエロだった!? 写真下はプレ創刊号。

コラージュ記事ありイラストマップあ
りと、やる気満々なカンジがひしひし
と伝わってくる。

当初緒方が温めていたタイトルは《タウン情報は
かた》だったが、度重なる協議の結果《シティ情報
ふくおか》とスケールアップしたかたちで落着。緒
方が着任してからわずか３ヶ月で創刊に至った。初
号は、一都市のタウン誌としては非常にめずらしい
創刊準備号＝プレ創刊号として発売。書店に並ぶや

いなや大きな反響を得る。その分忙しさは増したが、
足りない人員はボランティアや有志の力を借りて進
行。試行錯誤しつつも着実に発行部数・読者ともに
増やしてゆき、あっという間に県民であれば知らな
い者はいないほどのアイコン的情報誌となったの
だった。

COLUMN

　ユニークなのは誌面づくりだけではない。新しい編集長を読者投票で決めるという"新編集長決定総選挙"は当時話題を呼んだ。現在のグループ型アイドルの先を行くようなこのスタイルは、1979年2月25日発刊の30号上で告知された。投票の結果、前出の佐々木喜美代が2位の初代編集長・緒方邦博に約200票もの大差をつけて圧勝、翌号から早速編集長が交代した。こんな茶目っ気タップリな企画が実行できるのも、ウィットに富む福岡人たちのタウン誌ならではのなせるワザだったのではないだろうか。

　表紙のアートワークは、当時広告会社に勤務していた田中清繁が大抜擢。現在はトレードマークと化したキャラクターの「オジさん」は、当初は全面的にフィーチャーされていた。筆者が購入した80年代前半にはまだこの「オジさん」がど真ん中にいた記憶。若者向け情報誌のはずなのに、なぜこんな「オジさん」が長期採用されているんだろうと描いた田中本人も驚いている。

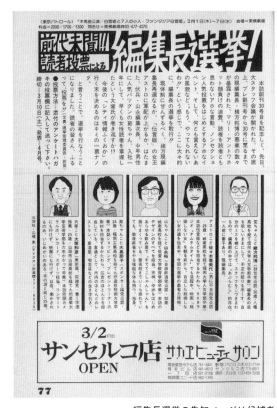

編集長選挙の告知ページは候補者がイラストによって紹介されている。これはヒートアップ必至。

岩田屋に天神コアと、博多を代表する名だたる企業が広告を寄せた。コピーもスゴくいい。

97年6月に九州ウォーカーが創刊され、それを迎え撃つかたちで大幅リニューアルを施し2000年に新創刊を試みる。オールカラー・AB判・中綴じとなり、誌名も「ふくおか」を欧文表記にして《シティ情報Fukuoka》となってリバースするも、5年後の05年6月末647号発行分をもって休刊となる。

しかし同年11月には早々と復刊、再び福岡の顔的情報誌として息を吹き返し現在に至る。休刊＝廃刊というのが雑誌業界での共通解釈のなか、復刊は異例。そこから更に15年も続いていることもまた驚嘆に値する。このタウン誌の「ただ者でなさ」はそんな不死鳥ぶりからも窺える。

この時代はまだグラフィックもフリーハンドが主流。でも楽しさや熱量を感じるのは断然手描きだ。

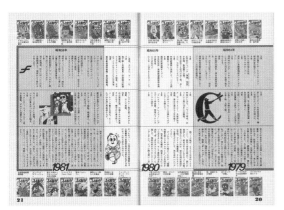

創刊10周年記念号は、年表と共にこれまでの表紙が掲載された永久保存版。ふくおかおじさんの顔の変遷が判る。

創刊500号記念号の年表では、博多の街・シティ情報・流行の3項目で時代を追っている。が、なによりもカラー刷りになっていることに注目。

暮らしに古物を！
Patina In my Life

【レトロオーナメント】

Vol.11

　忘れもしない筆者が5歳のクリスマスの夜、「ハイ、これは西洋の祭りだから今年でおしまい」と父親から一方的にクリスマス終了宣言を通告された。当時はいったい何を言い出したのかと理解に苦しみ、最も楽しみである年中行事が永遠に来ないことにひどく打ちひしがれたが、成人になる頃には商業イベントとなり形骸化したクリスマスに強く反発心を抱くようになった。

　しかし、30代になって招かれたご近所の英国人家族のクリスマス会で考えを改める。民族行事然としていたその集まりに派手さなどはなく、丁寧に作られた料理とお菓子で知人や親族と静かに過ごす夜は、まさに日本の正月に当たる行事と認識。宗教的背景ヌキの疑似体験でも良いではないか、これはこれで大いにアリだ、と。そこでハウスに移り住んだ際にリベンジを決意。せっかくだから自分が体験できなかったシックスティーズなツリーにしてやろうと、国内外のオークションを駆使してレトロなオーナメントを買い集めたのだった。今回は筆者が再現した60年代のレトロなクリスマスツリーをご紹介したい。デパートやショッピングモールに飾られたツリーとぜひ比較して欲しい。

ニッセ

　e-bayでビンテージオーナメントを検索するとやたらと眼につくのが〈Knee hugger〉と呼ばれる膝を抱えた男の子の人形。これはどうやら北欧の伝説の妖精『ニッセ』である様子。顔面部分は60年代に流行し出したソフビ製でボディはフェルト地、キャップには鈴。大きさや表情、カラーリングもさまざまで、集めて見るとこれがなかなか面白い。

スタンダードなニッセ。体長およそ15cm。つるんとした顔に真っ赤なほっぺ、ぱっちりお目々を流し目にしてニコリ。真っ赤なコスチュームはサンタのお手伝いをしているからだそう。

足も長く少し間延びした感のあるニッセ。耳も大きめで前髪もアップに。

お稚児さんのような短い眉は
ボーダーを着たニッセ。

ちょっとお人好しに見える下が
り眉の"癒し系"ニッセ。ブルー
のコスチュームがまた地味で可
愛い。

かっと見開いた目がいたずらそ
う。白のコスチュームに赤のグ
ローブとはまたお洒落。

ツリーに付けると枝がしなるほ
どのジャイアントニッセ。体長
は20cmを超えている。レア！

こちらはストライプ。丸メガネ
に太鼓を持たせたら道頓堀で食
い倒れていそう。

膝を抱えずすっくと立
ち上がったニッセはジ
ツは一番のおちびさん。
黒目がちな眼にもじも
じした感じが愛らしい。

先述したように玩具の素材もプラスティックが全盛の60年代、オーナメントにもその影響が色濃く反映されている。

サンタクロース＆トナカイ

写実的なものからデフォルメがされたものまで揃ったトナカイ。セットで落札するといろいろなものが混じってくる。

ここに来てやっと登場のサンタ。白目部分が青くてちょっとイっちゃってる感じがなんともな双子。

こちらは顔面のみ。右はサンタというより玉手箱を開けた後の浦島太郎といった風情。

キャラクター

それまではサンタや天使、せいぜい前出のニッセくらいだったが、アニメが全盛期になるとクリスマス業界も無視できなくなり、TVの人気キャラクターたちがツリーにもぶら下がるようになる。写真左からスピーディ・ゴンザレスとペチュニア・ピッグは米国TVアニメ／ルーニーチューンズから。

ドサクサに紛れて感が否めないこの女の子は誰なんだろう……。

塗装が少々ザツな近衛兵はリースを片手に行進中。世界各国のさまざまなご当地キャラも入り混じってもうなんでもアリな様相に。

左端の一匹がエレキギターを抱えているバンドマウス。この時代はかの国も英国から押し寄せるビートグループたちに席巻されていた。

リアルな造作の天使とハンナバーベラ調の犬キャラのサンタ。同軸にいて良いのだろうかというお二方。

グラスボール

アダムとイヴがかじった知恵の樹の実を表しているといわれるグラスボールも、現在のように赤と緑の無地だけではなくさまざまな色や模様、形のものが作られていた。こちらは箱付きの Made in U.S.A.。

雪の結晶か氷を表していると見られるクリアプラスチック製のオーナメント。内部にフィギュアや造花などが入っていて楽しい。

飾るとこんな感じに。昨今の商業施設にあるそれとはひと味もふた味も違う。2 m 超えのツリーは米兵に購入してもらったという出品者から落札。天井の高いハウスに飾ると時代が揃うことも手伝ってしっくりくる。

その他

こちらはソフビ製のリース。ここにも膝を抱える妖精がいるが、男の子ではなく女の子に見える。

COLUMN

■ 日本街並再考② ■

【ビルだらけになった首都】

　ちょうど押上にスカイツリーが完成するという頃、ヘリコプター空撮による東京の街並がテレビで流れていた。東京湾から東京タワーを経て、銀座界隈を経由しスカイツリーへ向かうというような経路だったのだが、それを観て目を疑ったのはビルの膨大さ加減だった。

　大学時代、熊本出身の友人が「東京に来て驚いたのは移動中の電車の車窓からビルが切れないこと」と言っていた。九州で一番大きな都市である博多でさえ5分も移動すればすぐ住宅地になってのどかな

将来老朽化したときの解体費用はこれが？

風景が広がるのに、東京はスゴい、と。それを聴いたときも、なるほど面白いことを言うなあくらいにしか思わなかったほど、東京は当たり前に「ビルの街」であった。しかしあの空撮はその認識を軽く凌駕する画だった。当然学生時代よりはビルが相当増えているだろうということくらいは判っていたが、それでも予測を遥かに超える量。まるで巨人が隙間なく杭を差し込むゲームでもしていったかのようだ。

よくよく考えれば自分の住む都下でも「ああ、この一角が丸々マンションになったのか」「ここもこん

なビルになってる」という現象を日々目の当たりにしていたのだから、都心のその様相は考えてみれば当然だったのかもしれないが、改めて俯瞰から見せられて瞠目した。それから十数年が経った今、間違いなくビルは更に増やしているはずだ。

僕が幼少期から「東京はコンクリートジャングルだ」などとと言われて来たが、今にして思えばあの頃はまだ可愛いものだった。一番高いビルが36階建ての霞ヶ関ビルで、その後新宿の淀橋浄水場跡に高層ビルが1～2本生えた程度。当時の東京には都心のど真ん中でさえまだ木造家屋が多く残っていた。母親の実家があった神田～大手町界隈にもまだ2階建ての木造モルタル塗りの小さな会社や住居があっ

た、現都庁のある西新宿界隈には90年代あたりまでまだ木造住宅の密集地が残っていて、下町風情たっぷりの小さな商店街が点在していた。そのくらいでは物理的な「隙間」や「余白」がまだまだ東京にもあったのである。

しかし平成も30年が経とうとしている今日の東京は、その「隙間」や「余白」が本格的に消失してしまった。わずかに残っている、ではなくついぞ完全に失せてしまったという感じが帰省する度にする。構造不況といわれた90年代以降公共事業も緩やかになり、しなければならないものから順にやっていったように見えた再開発も、政権が変わり五輪が決まってからというもの、すっかり無差別的になった印象だ。

COLUMN

【石化する都市】

　一番危惧しているのは、そこに住む人々の精神面に「隙間」や「余白」がなくなることだ。九州の友人に話すとあり得ないと笑われる「高齢者同士の取っ組み合い」が首都圏ではしばしば見られるのだが、殺人事件にまで発展してしまっているこの現象もその症例のひとつではないかと思う。老若男女いつも気が立っていて他人に無関心。これはバブル景気以降、つまり地上げが進み高いビルやマンションが増え出した頃から顕著になった気がする。

　空が広く向こうが見渡せる場所や、古い街並に来ると気分がほっとするというのはほぼ万人の共通感覚。それらをすべてビルに置き換えてしまった首都圏では、人々は無意識のうちに切迫状態に置かれ自覚の薄いストレスに常態的に晒されているように思う。古い家や商店街の〝時間的価値〟などは一切見ずに坪単価だけで換算し、こいつはカネになるとやみくもに鉄筋構造物を並べた。その結果その中に日々置かれる人たちの心がささくれ立っていったということは容易に想像できる。コンクリート、アスファルト、ガラスという無機物だけが生物以外を構成し、長大な鉄筋の「杭」の森の中で吸収されずにいる人間たちが、ただただその周辺で刹那の欲望を糧に右往左往している。そんな環境がどうやら本格化して来たように思える。なによりそんな都市がこれから

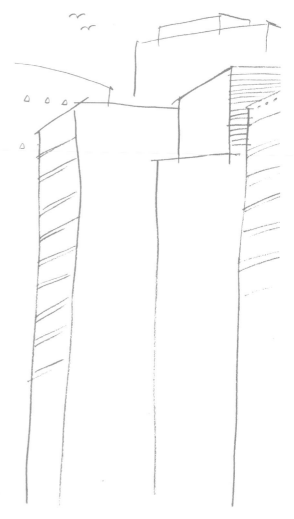

どういう人間を、如いては文化を育むのかが心配だ。

　僕はこれを「街の石化」と呼んでいる。建物のほとんどは通気性の高い木製から密閉性重視の無機物のものへと交換され、そこに暮らす人々の精神状態も同様に無機化していく。まるでギリシア神話に登場する見るものすべてを石に変えてしまう蛇髪の魔人『メドゥーサ』に都市全体が魅入られてしまったかのようだ。東京は、まだ有機的だった時分のフレイムだけをなんとなく残し、人もろともすべてが「石化」しようとしている。

東京の「石化」が地方都市にも着実に及び始めている。大阪にあべのハルカスが建ったときはぞっとした。下町的な空気を大切にし、そこにこそ我が街の魅力があるということを熟知していたはずの彼の街も、結局は東京と同じ土俵に上がってきてしまったかと大いに慨歎した。

1950年代に『アメリカ大都市の死と生』を書いた女流作家 J. ジェイコブスはその著書の中で、人々にとって好ましい都市とは「低層建築物が密集していること」「街路を住人が活き活きと利用していること」「多様性があること」「路地があること」「資産価値とは無関係な古い建物があること」などと定義づけているが、これは正に博多の街に該当していないだろうか。片や、彼女の対極にいたル・コルビュジエが提唱した都市論は、巨大なビル群をゾーン毎に区分けしハイウェイで繋ぐという完全再開発型の青写真。それに倣った都市のひとつでもある米国ロサンゼルスは僕も訪れたことがあるが、ビルばかりで人の体温がまったく感じられない雰囲気に早々退散した記憶がある。あんなふうに高いビルばかりにしてしまうと物理的にも精神的にも柔軟性や肥沃さが失われ、当初はある程度の経済効果をもたらすものの、時を経ると人が寄りつかない無機的なエリアと化してしまうということがあのとき、判ってしまった。

一方で同じカリフォルニア州であるサンフランシスコは、J. ジェイコブスの条件をほぼクリアするような街。米国民が選ぶ住みたい都市トップ3に挙がる常連都市だ。特にハイト・アシュベリー界隈は目抜き通りにカフェやリサイクルショップ、ブックストアやレストランなど低層の個人商店が拝み合いで並び、住人共にとても活き活きとした印象のエリアで、もしアメリカに住むならここがいいとさえ思った。古い建物が軒を連ね、密集度も低くないのになぜか前出の「隙間」や「余白」が街に溢れているのが感じられたのである。

COLUMN

【街の魅力をビルに任せるな】

　つまりはこうだ。建物や街に「隙間」や「余白」がある土地には、住む人間の精神にも「隙間」や「余白」がもたらされる。それがあると人は定着し、雨後に草花が生え出すように経済活動を始める。その人いきれに惹かれて人が集まり出し商圏が生まれ、やがて地域経済が活性化していく。そういう場所は観光地としても人気が出る。日本でいえば大阪の道頓堀などがそうだろう。東京原宿の竹下通りもそうかもしれないし、吉祥寺も個人商店発信の街だ。それを、古びて来たからと市政の観点や時間経過だけで判断し、早計にビルなんぞに建て替え出してしまうと街は一気に「石化」へと向うのである。

よくある街の「石化」へのパターンは以下のような順を踏む。

❶ 古くからある個人商店の店主の高齢化に伴い、店のシャッターが閉まりがちになる

❷ 彼らは生活に困っているわけではないのでそのまま放置（誰かが借りたいと来ても対応しないことがほとんど）

❸ 大手不動産業社やデベロッパーが購入したいとやって来る

❹ あまり乗り気でない店主は子供たちに選択権を託す→高額提示にあっさり売却

❺ ❶〜❷が地域全体の店舗で展開され、エリアがごっそり買収される

❺ 一気に取り壊して高層マンションやテナントビルが建つ

これが完遂されると近隣の街へと次々伝播しビル化＝石化が始まる。これが現在全国規模で行われているのである。

福岡も〝対岸の火事〟と傍観している余裕はない。「福岡は2025年までにビルを○棟の建て替えをします。経済波及効果は○億円…」なんていう動画が流れていたが、こういうのを深く考えずに「悪くないねえ〜」なんて悠長に眺めていると、後々別のかた

ちでツケが廻って来たりする。これこそがここまで話して来た都市の「石化」の始まりなのである。ビルができれば一時的に経済が活性したかに映るがそれは刹那。それらは一度壊したらもう再生は効かない古い低層店舗や住宅をぶち壊した跡地に建てるわ

けで、その損失の方が後年大きく響いて来ることは他の都市の例から見ても明らかだ。そして現在福岡に来る国内観光客やインバウンドの外国人たちは新しいビル群を観に来るわけではなく、雑然とした古い佇まいの飲み屋や食堂を目当てにやって来るということを知っておこう。新しいビルなんていうのは東京や自国で見飽きているのである。そこを見誤ってはならない。古い建物と店舗、そしてそれらがもたらす「隙間」や「余白」こそが福岡の至宝なのだ。

最後にこんなエピソードを。

東京の友人に島根県出身のSくんがいた。彼は出雲大社にある『S旅館』の息子だった。S旅館は、創業を江戸時代以前に遡る由緒ある宿屋で、建物の築年数は優に200年を超えるという。80年代後半、

バブル景気が始まると周囲の旅館はこぞって鉄筋に建て替えた。が、5代目である彼の祖父は頑として改築を拒んだ。周囲からはケチだ何だとさんざん陰口を叩かれたらしいが、この建物こそが我が宿の誇りと貫いた。バブル崩壊後、出雲大社の客足も遠のき閑古鳥が鳴くと、間もなく周辺の旅館も軒並み傾いていく。しかし数年後「癒し」や「隠れ家」ブームが到来すると、古い日本家屋の佇まいをそのまま残したSくんの旅館だけには客が戻って来たというのだ。今世紀に入ると外国人旅行客が押し寄せ大繁盛、現在Sくんは島根に帰り7代目のあと取りとして旅館の切り盛りをしている。webで旅館の評価を見ると5点満点中4.5点。祖父の揺るがない心意気と先見の明に、後継者全員が救われたのである。

福岡を今のような質の高い街にしておきたいのなら、極力個人経営の店を利用することだ。もし空いたら、後継者は解体される前にすかさず入って店舗を続ける。「いつか自分も店を〜」なんて言っている人は明日にでも行動に移そう。低層の個人商店こそがこの街に生命を吹き込んでくれている〝ミトコンドリア〟なのだから。

最終回の最終ページはマンガで締めくくった。古い物を壊す側の人も、実は無意識のうちに心は旧きものの良さに寄りかかっていたりする。みんながそこに早く気付いてくれたら、と思う。

おわりに

こうして約5年分の『再評価通信』を読んでいると、つくづく好き勝手に書かせてもらっていたなあと痛感する。6ページというハイボリュームのページを、毎月どうぞご自由にと任せてくれていたのだから、なんという器の大きな雑誌なのだろうかと感心を通り越し尊崇の念が湧いて止まらない。大手出版社などには到底マネのできない放業だろう。

そもそも連載のきっかけはなんだったのかというと、これまた摩訶不思議な出会いに端を発する。

東日本大震災をきっかけに、東京と九州それぞれに平屋を借りて往来する『2拠点平屋交互生活』なる暮らしを始めて2年ほど経った2015年。この生活を始めるにあたって自らに課していた「九州でも仕事を作ること」という条件の実現は未着手だった。頭の中にあった青写真は「自分の好きなモノゴトをイラストと文章で評するという仕事をレギュラーでやる」。それを福岡でできないかなぁ〜なんていうことをぼんやりと考えていたものの、なかなかアクションの糸口を掴めずにいた。

GWの直前、博多からSくんが遊びに来た。肩書きは不動産業者ながら旧態的な不動産業を嫌悪する彼とは、13年に九州大学のS先生の紹介で知り合った。Sくんは、エントランスに設えたバーカウンターに自ら立って日本のポップミュージックと焼酎でゲ

ストをもてなすという、インバウンドに大人気の面白いホテルのオーナーとして有名な御仁だった。

ちょうどご近所のMさんが海沿いでトレーラーハウスを改造したカフェをオープンさせていたので、そこへ案内することに。ろくに閉店時間も調べず行くと、店先ですでに10分オーバー。まだ照明が点いていたので、お願いすれば珈琲一杯くらいは飲ませてもらえるだろうとそっとドアを開けると、色黒でガッチリ体型の男性がひとりお茶を飲んでいた。「あっ！ちょうど今こちらとアラタさんの話をしていたところ！」。我々を見つけたMさんがそう言うと、男性は人懐っこそうな笑顔で会釈した。それが《シティ情報Fukuoka》の編集長Kさんとの初対面だった。

聞けば若くして編集長に任命されたKさんは、編集部OBからことあるごとに「読者の目に逆らわないページばかりでなく、引っかかるイレギュラーな部分を必ずつくりなさい」と言われているのだという。その「引っかかり」を探しつつ取材の薄いこのエリアの視察にやって来たら、一冊平屋だけというマコトにクレイジーな本を書く筆者に出会った、という顛末だ。なんという運命のいたずら！

閉店時間のことなどすっかり忘れ、学生時代にシティ情報を福岡みやげに買って帰った思い出話や、2拠点生活の四方山話ですっかりで意気投合。その

後町内の古家巡りなどをしつつ、ものの1時間ほどでコラム連載の話をいただいてしまった。しかも6ページも！「思い及べばことは現実と化す」というのがいつからか持論になってはいたものの、こうも思い通りに運ぶとは。この流れは今思い出しても瞠目の二文字しかない。

コンセプトは、古いものならば雑貨から本、レコード、家電、洋服、音楽、インテリア、乗り物、建物や街並までなんでも取り上げ、筆者があれこれ解説するというスタイルに決まった（というか、自分の中ではもうすでに決まっていたのだ）。これなら当分ネタは尽きないだろうという自信があったし、いくらでも書けるという自負もあった。現に今でも書きたいことはまだまだある。迷いに迷ったタイトルは、"人々から見捨てられたモノ"をもう一度拾い上げ、再考察する読み物ということから「再評価通信」という名を思いついた。Kさんは親指を力強く立ててくれた。

かくしてこの奇跡のような連載は4年半ほども続くこととなる。最初は読者なんて付くんだろうかと疑心したが、トークイベントで毎月楽しみにしていますなんて声をかけられることもしばしばあり、それも解消した。まあこんな酔狂な読み物に編集部も読者もよくついて来てくれたものだと、今となっては、いや執筆中から感恩戴徳の境地だ。そしてさらにご高覧が難しかった他府県のみなさんにもお届けが叶おうとは。この書籍化は連載開始当初からの念願。これもまた「思ったので叶った」ということなのか、と先述の持論にもまた自信がついている。

当書冒頭に語った「断捨離」は、するべき人というのはやはり存在すると思う。でもすべき人というのは、多分あまりよく考えることなくモノを入手するタイプの人たちではないかと思うのだ。筆者はモノを買う際には結構な時間をかける。たかだか夏にしか使わない蚊取り器であっても、性能に始まりデザインから価格から時間をかけて吟味する。気に入るものがなければ買わない。「とりあえずこれでいいか」は、ない。そこまでするからモノは自分にとって「ファミリー」となる。だから自己都合で易々と捨てたりができない。そういう意味で、モノにも生命があると思っている。

アラタ・クールハンド

たまら・び

　東京立川の「株式会社けやき出版」の社長（現会長）と、都下を拠点とする信用金庫「たましん（多摩信用金庫）」の価値創造事業部の部長だった長島とで、多摩エリアの情報誌を作ろうという構想が持ち上がる。

　まずは『多摩らいふ倶楽部』の会報誌として発刊、同時に流通もスタートさせた。その後1997年にはタイトルを『TAMA ら・び』に改変し独立した雑誌となる。このときは「多摩」が欧文だったが、99年発刊の8号から『多摩ら・び』と和文表記に。その後リニューアルを繰り返し、2013年に総ひらがなの『たまら・び』となった。

　筆者が連載を依頼されたのは2013年のリニューアルの際。当時国立のフラットハウスに住んでいたデザイナーの丸山さんがアートディレクターとして携わることとなり、直々にオファーをいただいた経緯だ。テーマは多摩エリアに絡んでいればどんなことでも良いというので、こちらもシティ情報Fukuoka同様のびのび書かせてもらった。タイトルは以前親友のリトルプレスに寄稿した際に書いたコラムの題名を一部流用し、『SUBLIMINAL NOTES／無意識雑記帳』とした。フリーハンドのタイトル文字は自分でもとても気に入っている。

「ら・び」とはフランス語の「La vie」から取ったもので「生命」「人生」を指す言葉だそう。「C'est la vie.（セ・ラヴィ）」とくれば、「これが人生さ」「人生って、こんなものだよ」とフランス人が日々よく口にする慣用句になるという。ということは「多摩ってこんなものさ」という訳になるのだろうか。シャンソンが聴こえてきそうななかなか洒落たタイトルだ。

　連載は全14回で終了したが、今回の書籍化にあたり編集部から、いまだにこのコラムが良かったと言ってくださる読者が大勢いるという話を聴かされた。こんなに好き勝手書いてきたというのに、本当に嬉しく、そしてありがたく思う。

残念ながら『たまら・び』は2019年発刊の103号をもって休刊となった。
しかし翌年の20年6月、そのスピリッツを継承した多摩エリア情報誌『BALL.』が創刊した。

「数十社受けて全部落ちた」と嘆く、新卒就活の報道をしばしば眼にする。長引く不況下、並の就職難でないことは判るが、毎度感心するのはそんなに断られたのにまだ会社に入ろうとするその執念だ。デザイン事務所を経営する友人に話すと、「そんな情熱があるなら起業しろと言いたいね」と苦笑していたが、僕も同感。5社にも撥ねられれば、僕なら自分で何か始めることを考え出すだろう。よーし連中より素敵な人生にしてやろうじゃないかと奮起するのが自然だ。だって生きる術なんて何千何万通りもあるわけで、彼らの就活はその中からわざわざ「カイシャ勤め」という1本を選んで固執しているに過ぎない。その会社だって「安定していそうだから」などというマコトに受動的&他力本願な動機だけで選んでいたりする。そんな調子なら100社受けたって受かりはしないだろうし、落とす方の気持ちだって判らなくもない。意思明確に生きるなら「受け容れてくれない」という理由で人生が停滞することなどあり得ないと、僕は思っている。

　「働き口」は本当にないのか？　よく見てほしい。シャッターが下りっ放しになっている店舗が街にたくさんあることを。近所のバス通り沿いにも、空室のままになっている2階が居室の店舗が2軒あった。顔見知りでもあるオーナーにこのままじゃもったいないと話すと、初期費用も家賃も住居並みで構わないので、何かやりたい人はいないかしら……ということに。ならばと住まい兼お菓子工房を探していた知人夫妻を紹介、めでたく入居する運びになった。そしてもう1軒にも会社勤めに疲れたので都下で起業したいという都心マンション住まいの友人を誘致。彼はそこで少年時代からのユメだった駄菓子屋を始めたいという。この界隈は団地も多く、子どもが大勢いるのに、彼らの「社

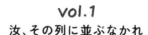

無意識雑記帳

vol.1
汝、その列に並ぶなかれ

交場」がまったくない。物件の眼前は公園でもあり、さぞや地域貢献度の高い繁盛店となるだろう。

　このようなケースでは、オーナーの寛容さや意識の高さも大きく関わる。今回も「飽くまで店舗物件」と高い初期費用に拘れば実現しなかったろう。高く貸せるからと事務所を入れたりせず、それよりも近隣の人が関われる場所として使ってほしいという貢献意識も実現に結びついている。家賃に店賃が兼ねられれば借り手もさほど利益を上げずとも済むし、店が続けば並びの空き物件にも影響するはずだ。多くを得ようとせず「利他的」になれば、物事は好転し始めるもの。借り手の方も「費用がかかるから」を言い訳にしてハナから諦めたりせず、キナンと話し合いを試みることだ。活かしてくれるならとリーズナブルに提供してくれるオーナーは、案外いるものなのである。

　というように、シャッター店舗だって視点の角度次第で立派な「働き口」となる。飽和状態の会社の門前行列に並ぶより、今そこに余るものを利用し何か始める方がよっぽ

ど合理的で理知的だ。業種も自分で決められるし、働く分だけ身になる。活気が失せた地域のためにもなる。住居も兼ねることから低リスクで起業できるこうした物件は、ここ都下には相当数眠っているだろう。あたかも仕事自体が消失してしまったように言われがちだが、そうではない。現にショッピングモールは大盛況ではないか。今の世の中に何が余り、何が足りないかを熟視して行動に移したなら「拒絶された」と落ち込む必要などどこにもない。職がないと嘆きながらワンルームで独りカップ麺をすするあなた、明日にでもシャッター閉まりっ放し物件をノックし、オーナーと対話してみてはどうだろう。

「都下に住んでいる」と言うと、東京東部〜都心に住む人は概ね「随分奥に住んでいるなぁ」という印象を持つようだ。これはよく言われる「西は吉祥寺まで」というマスコミの取材サボりの弊害ではないかと思われる。そのせいで彼の街が都下の中核としてあまりにブランド化され、それ以外の市は「その他のイナカ町」扱いでどうも十把一絡げにされてしまっている感がある。それが証拠に、23区はすべて言えても26市を言える都民は相当少ないだろう。かく言う僕も世田谷育ちで、高校時代部活

の試合で国立駅に降りた時の感覚は「遠足」、映画を観に行った立川は「日帰り旅行」だった。今はそこに住んでいるのだから人生判らないものだが、当時まだ社会認識の浅い少年だったことを差し引いても、人の居住テリトリーはジツに狭いものだと痛感する。例えば2つ隣の駅に移ることさえ「馴染みがない」と躊躇する友人は結構いるし、駅はいいにしても「沿線を変えたくない」や「この市区から出たくない」となれば皆さんの周囲にも該当者がいるだろう。それを鑑みれば、先の原発爆発で避難生活を余儀なくされている人々の「早く帰りたい」という気持ちが、ストレス障害にまで達してしまうことは想像に難くない。

いわゆる"転勤族"と呼ばれた会社員一家に育ったせいか、僕はその辺の感覚がユルい。むしろ住んだことのない街に対する好奇心が人一倍強いように思う。気に入るとすぐ移住したくなってしまうほどだ。父親の転勤による度重なる引っ越しは、家族にとって否応なしに訪れ

無意識雑記帳
Subliminal
NOTES
vol.2
転居のススメ

る「不幸」でもあった反面、未知の文化圏の人々との出会いをもたらす収穫のチャンスでもあった。苦もあるが得るものもあったのだ。その体験は今の自分の礎にもなっており、就職し同期の中で一番遠方に配属された岡山県での生活も、あっという間に楽しくなってしまったのはその頃に鍛えられたおかげだとも思う。

考えてみれば、短い人生をたった1カ所だけで暮らすことなどもったいない話なのだ。コンパクトサイズでありながらジツに多種多様な文化がひしめくこの列島は、ほんの少しの移動で別の文化や違った景色・人々に触れられる。なのに、そこに注目できない人は多い。また、転居には違う家屋でリフレッシュするという楽しみ方もある。特に賃貸に住むならば、後生大事にひとつの家にこだわる必要はない。好さそうな場所を見つけて気ままに動けばよい。それが家を持たない強みだ。

「慣れ親しんだ土地だから」と留まり続けるのは、僕に言わせれば貴重な体験チャンスの放棄。移住を一度も経

験しなければ、未知なるものを拒み解釈の幅の狭い保守的な人間になる気がしてならない。都市部にありがちな「便利だから」と駅周辺にしがみつく行為も、冒険心のないお手軽な人間性で終わる気がする。人は生まれ育った地から500km離れて暮らすと殻を破って成長し始めるという説を聞いたことがあるが、自らを想定外の環境にさらすことが人間性を深めるのは確かだ。それを手軽にできるのが転居であり、現代社会の数少ないメリットのひとつなのである。故郷を大切にというのなら、この列島全体をそう思えばよい。

20 代の頃よくしたことのひとつに焚き火がある。椎名誠の小説から拝借し付けた「東日本何でも燃やす会」といういささか誤解を生みそうな会名のもと、午前中から仲間を河原に集め夕方まで黙々と薪を拾う。買うことはせず自然から調達するのである。ようやく着火が黄昏時。各自アルミホイルに包んで持参した「加熱して食べたい物」を取り出しそこに投入、焼き上がるのを待ちつつ四方山話に一献傾ける。なぜか火を囲むと誰もが自然に本音を話した。

こんなことを多摩川べりで本当によくやった。マナーは良かった。どんなに酔っ払ってもゴミは必ず持ち帰り、火の後始末も徹底した。民家に近い場所は避け、馬鹿騒ぎは絶対にしない。こういう「タダで楽しむ」ことをする時には、自らをキッチリ律することが存続の条件なのである。いつまでも海岸で花火をしたいのなら、ロケット花火にヒモを付け、回収するくらいのことをしなくてはいけない。自由と責任はセットなのだ。

もし今こんなふうに火を焚こうものなら、通報を受けた警官、はたまた環境保護団体がコラァと一目散に走って来ちゃうところだろうが、当時はみんな好景気に浮かれてすっかり街に繰り出し、川辺の焚き火なんて誰も目もくれなかった。ところが昨今は「CO_2 が出ますから」なんて理屈まで担ぎ出され、都下であってもまず御法度だろう。その成果に加え某企業のオール電化なんてのも手伝い、火を見たことすらないという若者が出てくる始末。ジブリの宮崎氏も「裸火を見たことのない新人スタッフがいて、彼

無意識雑記帳

Subliminal
NOTES

vol.3
炎のチカラ

らが炎を描こうというのだから困ったものだ〜」なんていうことを、以前なにかの番組で嘆いていた。

もちろん事故に結びつくようなことは避けるべきだが、だからといって何でもかんでも暮らしから遠ざければいいというものでもなかろう。人の営みになくてはならない「火」というものがどういうものなのか、よく知っておく必要だってある。温度や色、燃え広がり方、着火がけっこう難しいなんていうことは言わずもがなだが、火には眺める者全員を黙らせてしまう性質があることも焚き火で知った。最初は闊達に会話を交わすものの、そのうち誰もが炎に見入って各々物思いに耽り出すのである。今考えれば、僕らは次第にその沈黙の時間を楽しみに集まるようになったようにも思える。それだけ友と闇の中で炎一点を見つめるのは芳醇な時間だった。携帯電話なんかのない時代の幸いかもしれない。

きっと有史以前、我々の祖先もこんなふうに洞穴で暖を取りながら言葉も交わさず、静かな空気を共有したのでは

ないか。その習性が今も DNA に宿っていると僕は信じる。ほんのちょっとでも手持ち無沙汰になればスマホやらゲームやらにすぐ手が行くような昨今、この時間を僕はみんなに経験してもらいたい。高音とはぜ音を放ちながら闇夜にめらめらと踊り、赤や黄金色に変色を繰り返してやがて消え行く炎をただただ友と見つめる数時間。電子ツールを使ってコミュニケーションすることが好ましく、独りでいることを「寂しい」と決めつけなにか罪悪のようにいう今の世の中、それが本当なのかを焚き火を通して一度確かめてみてほしい。

識人。そしてなかなか本心を露わにしない人が多いのだが、あまりに表さない人には一度強く議論をふっかけてみる。そうすることで彼らの"被写界深度"を測るのである。しかし、その時知るのが、彼らは決して自分の意見がないわけではないということ。むしろ日常よく喋る人よりもスジの通った持論があったりする。

この受動タイプは、関東地方に大勢いるように思う。西日本は関西地方をはじめとして昔から商人が多い地方であるため、ディベートやネゴシエイトに子どもの頃から慣らされている。センス良識云々の前に、口下手な人を滅多に見ない。老若男女分け隔てなく話し合いを重んじる社会では、寡黙は育たないのだ。その点、東京は江戸時代からの武家社会の価値観が根強く残り、口が達者であることはむしろ良しとしないような風潮が少なからずある。町人文化にも"江戸っ子のやせ我慢"なんていうのがあって、本音を漏らすのは恥というようなテーゼが存在する。また、無口な東北の人々が仕事を求めて多

僕がはっきりとモノをいう質だからか、周囲には大人しく優しい「受動タイプ」が多いような気がする。こちらが投手なら彼らは捕手、ストライカーならキーパー……まぁとにかくこちらの話すことを静かに聴き、あまり反論してこないようなタイプ。そして概ねセンスの良い良

無意識雑記帳
Subliminal NOTES
Vol.4
奮い立て、優しき人々

く来ていることもあり、関東はあまり「もの申す」ことを潔しとしない土地柄なのである。

東京は政治経済の中心であるがゆえ、いろいろなことがここで決まる。ここに来て、不条理が強引にまかり通っていく場面に遭遇することが増えた。都下の街でも、なにやら力づくでやられたと思しき開発を少なからず目にする。震災直後の節電によって余計なイルミネーションや照明が消えた街に、寂しさよりも落ち着きを感じたのは僕だけではなかろうが、どうやら世間のベクトルは質より量、名より実といった方向に再び動き出してしまった感がある。

「賢者は聞き、愚者は語る」という格言があるが、その態勢で 21 世紀も行ってもよいものだろうか。賢者が今後も黙っていてよいものだろうか。誤解を恐れずいうならば、物事を瞬時に動かすパワーのある人々には「センスの悪い」人たちが多いと僕は思っている。片やセンスの良い人たちには優しき良識人が多く、加えて大人しい。

それが故、前者に押しまくられオセロの角をみんな彼らに取られてしまうのだ。後者は前者のそういう瞬間湯沸かし器的ハイカロリーな部分をもっと見習っていいと思う。「男は黙ってナントカビール」なんて CM コピーが流行し、寡黙な人々が高く評価された時代はもう遠い過去の話。センスの悪い人々がイニシアチヴを握ることよりも、センスある優しき良識人が周囲の空気ばかり読み、傍観する社会の方が今や悪しき社会のような気がする。「受動タイプ」の人たちが奮い立てるか否かが、そこに今後この社会の明暗がかかっているように思う。

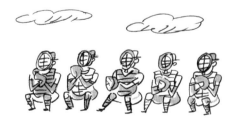

だ。確かに売れた著名人に元・米軍ハウサーは多いので、まるまる"都市伝説"とも言い切れない。しかし売れてなおハウスに居残る有名アーティストだっている。そのひとりが、80年代の日本のポップミュージックシーンを牽引した大瀧詠一だ。後の日本の音楽シーンに多大な影響を与える「はっぴいえんど」のギタリスト＆ヴォーカリストだった彼は、解散後のソロワークとして50〜60年代の欧米ポップスに自己解釈を加えたノベルティックなコンセプチュアルアルバムを輩出し続けたが、セールス的には不振。しかし次年代に入って時代が追いついたのか、81年にリリースした『A LONG VACATION』が大ヒット、一躍稀代のコンポーザーとしてスポットが当たる。

福生市界隈に数少なくなりつつも残る米軍用住宅、通称「米軍ハウス」。70年代、そこには多くのアーティストや作家、ミュージシャンが住み着き活動の拠点としていたという話は有名な史実だが、住人の中には「ハウスから抜け出たものが成功する」なんていうジンクスもあったよう

LPレコード1枚が2500円前後だった時代、100万枚を突破すれば今では想像できないほどの富と名声が手に入っただろう。この1作で永年の借金を完済したなんていう話も後に耳にした。とくれば、港区や目黒区あたりに居を移しそうなところだが、彼は福生界隈を出なかった。初期作品

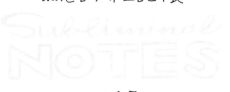

無意識雑記帳

vol.5
さよなら都下の巨人

は当時住んでいた瑞穂町の米軍ハウスを録音スタジオに改造し、そこで吹き込まれている。僕はこれらのエピソードが大好き。本来ポップミュージック、特にロックは中央集権的なものとは相反するものであり、マジョリティの側にはいない。常にマイノリティの代弁者でありインディペンデントの立場でなければならない。そのことを彼は心得ていた。「いや単に先立つものがなかっただけだよ」とご本人から返ってきそうだが、だから都心には出ず都下の自宅をスタジオにしてしまおうという発想がすでにアウトサイダー的。売れても「野」に残ったPOPSの哲人。「書くこと」を生業とする大先輩としてはもとより、彼のそういう"柔らかな反骨精神"を僕は尊敬して止まない。

その大瀧氏が2013年末に急逝してしまった。才人はいつもこんなふうに突然いなくなってしまう。あまりに早い別れに悲しみに暮れかけたが、僕らには彼が残していってくれた珠玉の作品群があるじゃないかと気付いた瞬間、そんな気持ちは"大瀧詠一"に相応しくないだろうと冷静に思

えた。もっと新作を聴きたかったというファンとしての欲求も人一倍あるが、それはエゴというもの。あまりに多くの楽しい時間を与えてくれた"都下の巨人"を、僕らは拍手と喝采で送ろう。

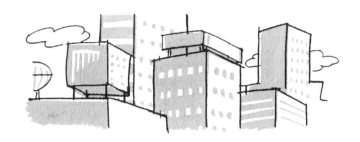

パチンコ屋店員から世界最高齢のラッパーへと転身した大正生まれの坂上弘さんが、歌い始めたきっかけを新聞で語っていた。「ある日 CD 店から流れてきた音楽に足が止まった。LL.COOL.J という黒人ラッパーの曲で、これなら私にも歌えると思った」。これを読んで驚いた。老人とラッパーとのミスマッチにではない。そのラップがキチンと彼の耳に入ったことにだ。高齢者ならばラップはおろか J-POP だって耳をスルーすることだろう。それを自己に関連づけ、脳が反応したということは驚異に値する。

普段街を歩いていると、本当はさまざまなものが眼や耳に入ってきているが、関係が薄いと判断したものは脳が瞬時にミュートしているのである。そのリミッター機能がなかった彼には、成功が待っていたわけだ。

無意識雑記帳
Subliminal NOTES

vol.6
あなたに無関係なものはない

以前、友人と立川界隈をポタリングしていた時のこと。歩道にはみ出すガラクタにペダルが止まった。一見廃品倉庫かと思ったがどうも売り物のよう。カンが働き、中に分け入るとそこはリサイクルショップだった。誰かの家のタンスの中身をぶちまけたような様相に一瞬引いたが、再びアンテナが鋭く反応。よく見れば、モンブランのビンテージ万年筆やらブランドものの古いパッケージやらが顔を出している。古文具や海外製の家電、雑貨、食器に混じり「エミール・ガレのライト（カサなし）」なんてのもある。お、このトイカメラはレアだぞ！　しかも安い。こういう店こそが本当の骨董屋なのだ。気づけば戦利品でバッグがいっぱいになっていた。後にこの店は目利きの聖地であることを知る。文人のような風貌の老人が印刷物を、美大生と思しき女性が雑貨や楽器を、長身の外国人が写真誌やレコードを物色している。よくこの店を見つけましたねと小声で話しかけると、いずれも笑顔の返答。

もし私が女子高生か OL だったら、ここに気づいただろうか？　多分「店」と認識すらしなかったと思う。本来あなたに無関係なことなど、この世にはない。道路も建物も往き交う人々もお巡りさんも子どもも公民館も看板も野良犬もブロック塀もすべては関連しており、あなたも私もその線上に必ずいる。"無関係リミッター"を解除できている人だけが、楽しい人生と出会えるのである。

2013年夏、多摩北部にある街に転居した。少し北上すればもう埼玉県という立地。物件ありきで移って来たため街に対して何も期待していなかった。それまでずっと京王線〜中央線沿線界隈に居たため馴染みも薄く、随分と北に来たものだという以外特に感想を持たなかった。しかし周辺を散歩してみると、なんとまあ農地が多いことか。それが税金対策的小菜園などではなく、結構な広さを使って本格的に作物を育てている人々が多いのである。また空き地も多い。買い物に出るたびにむき出しの地面や植物に遭遇し、育った世田谷もかつてはこんな感じだったな♪なんて顔を緩ませること毎度。そのせいなのか窓を開けるとやたら風が通る。冷却効果のある緑は風を生み出し、空き地はそれらを住宅の間へ伝える役割を担う。洗濯物の乾きも早い。遊ぶ土地が多い恩恵を大いに享受している。まったくの想定外だった。

この「遊び」が今本当に大切と感じるようになった。以前は緑の区といわれた世田谷も、80年代後半あたりから隙間のような土地にまで家や集合住宅を建て始め、どんどん空き地や農地が消えていった。ネコの額ほどの庭すらない家が建ち並び、今や実家周辺も道路と建物しかないような印象だ。その後永く住んだ府中市もここ数年でその感染が加速して来た感があり、準・世田谷区のようになってきてしまっている。少しでも「遊び」があろうものならワッと企業が取り囲み何かで埋めてしまう印象だ。

この「遊び」は土地に限ったことではない。例えば子どもの玩具。アニメや特撮ヒーロー番組と玩具メーカーががっぷりと組み、予め製品化し易いキャラクターデザインにするという。メーカーは低コストで生産でき、子どもは番組と寸分違わぬディテイルの商品で遊べる。そして番組制作会社も次回作を受注できる。一見オール・ウィンに見えるが、果たしてそうだろうか。

作り手は戦略をもって迎え撃つ消費者としてしか子どもを見ていない。寸分の誤算もないマーケティングの中では子どもは創造して再構築するハプニングに出会いにくい。

無意識雑記帳

Subliminal
NOTES

vol.7
失われる「遊び」

彼らは番組改変毎に出て来る新しい商品で与えられた通りに遊ばされるマネキン人形でしかなく、それ以上の何かを探る力を育めない。本当はもっと子どもの偶発性に依っていいものを、あまり大人達が微に入り細に穿って作るため、遊び道具であるはずの玩具が「遊び」を生ませないのである。

それで育った子どももおそらく同じようなことを次の子ども達に仕掛けるような気がする。彼らは「効率」は理解しても「遊び」の解釈を持たない大人になるのではないか。彼らはまた空き地を「ムダ」と判断するような大人になりはしまいか。あるいは反発の方向へ動き、筆者の〝取り越し苦労〟となれば良いのだが。

「京王線府中駅」と聞くと胸がキュンとする。バブル景気も絶頂期、配属先の岡山県から東京に戻った僕が住んだのがここだった。参道を横切る京王線はまだ地上を這い、現在の高架の下には踏切があった。八王子にある本社へ入社面接に行く途中ちょうどここを通過し、質朴で懐かしい景色にひと目惚れしたその時からここに住みたいと思っていたので、それから数え 3 年越しの恋が実ったということになる。当時はちょうど「金曜日の妻たちへ (通称・金ツマ)」なるドラマが大流行の直後、ちょくちょく登場した「聖蹟桜ヶ丘駅」にはアテられた視聴者の人気が集中していたが、府中はギャンブルタウンと揶揄され蚊帳の外。しかし僕の眼中にあったのは後者の方だった。

現在の Foris があるところは、今では想像できないほど雑然としていた。定食屋、果物屋、赤ちょうちん、古本屋、熱帯魚屋、スナック、キャバレー……低層の個人店が軒を連ね、凡そ金ツマとは縁遠い世界が駅南口には広がっており、僕の前頭葉は大いに刺激された。当時新宿ゴールデン街のあちこちにボトルを預けていた僕にとって「聖蹟桜ヶ丘駅」はキレイで整理されてはいるが、そそられる街ではなかった。しかし府中駅は、そんなドブ板横丁的佇まいと悠然とそびえ立つ樹々が誘う大國魂神社という歴史深い神所が渾然一体となって在るエキゾチックな街として、ジツに蠱惑的に映った。僕はその後 10 年以上を府中市で過ごすことになる。

あれから 25 年、随分と様相が変わった。線路は完全高架化、木造だった駅舎は鉄筋ビルに刷新。神社前には大手百貨店がやって来てそこにあった商店はその一部に組み込まれた。しばらくすると駅脇には高層の複合ビルが巨大化した五寸釘の如くどすんと打ち付けられ、中には企業ショップやチェーンの飲食店が並んだ。キレイになって街が若返ったというが、味わいは抜けた。都心から来た大企業がしっかりお金儲けできるパイプを引いてくだすっただけの話で、よく見る「似たような街」のひとつ

無意識雑記帳
Subliminal NOTES

vol.8
同じ名前の違う街

になった。そしてついに 2014 年夏、南口 A 地区と呼ばれる一帯も取り壊された。これで駅前の古い商店は全消滅。何とか歴史ある商店街の面目を保たせていた木造の古い履物屋や大衆食堂も消えた。これも形骸化と言うのだろうか、名前は同じだがかつて僕がひと目惚れした街では最早ない。

建て替えがすべていけないとは言わないが、ここまで根こそぎする意味がどこにあるのか僕には判らない。古い建物をばんばん取り崩し、跡地にビルをそびえ立たせる「再開発」とはいったい誰のためにするものなのだろうか。それを僕たちはもっと問い質していい。

今や「再開発」と聞くと胸がズキンとする。

東京で暮らし始めれば南北の"縦移動"がすこぶるしづらいことに気付くだろう。それは首都圏の鉄道が東西の横軸ばかりに網羅されているためだ。国鉄(現JR)にしろ私鉄にしろ、採算のために都心と郊外を結ぶことばかりに執心し、それらを縦に結ぶ南北ラインの構築を疎かにして来た。そのせいで東京を縦断したい時は一旦都心に出てから他の線に乗り換えて再び西へ移動するか、バスを利用しなくてはならない。そんな中でひとり……いや、1本気炎を吐いているのが立川と川崎を縦に結ぶ『JR南武線』だ。他にも何線かあるが、総延長35kmの間に接する他路線がモノレールも含め14本もあるというのは他に類を見ない。たった1本で縦断鉄道の重責を担っているといっても過言ではない、ジツに貴重で殊勝な路線なのである。

学生時代まで小田急線がホームトレインだった。実家を出てからは登戸駅で交わる南武線を帰省列車として使うようになった。何となく南武線に好意を寄せ始めたのはこの頃からだ。先ず、その溢れるローカリティ。駅舎がとても

旧かったり開発の遅いところを走ったりと、東京にいながら東京を感じさせないところが心地よかった。途中停車の車両から深夜の暗い駅へ降ろされ茫漠とベンチに座る時や、地方の在来線で見られる〈ノザキのコンビーフ〉の縦長ホーロー看板を車窓から目撃した時などは、それだけで遠くに旅行に来たような錯覚が楽しめた。

そして客層。沿線に公営競技場が多いせいか、耳に赤鉛筆をさしたオジさん達を筆頭に年配男性乗客が他線より圧倒的に多かった印象がある。「ギャンブル電車」などと揶揄され夜は酔っぱらいが多いと疎まれていたが、僕はそういうところも嫌いじゃなかった。騒ぐ若者やハイソな身なりの客が多く目に付き始めたバブル経済当時、こちらはあたかもタイムスリップしたかのようなイナたい風景。しかし僕はそこにコージーな空気を感じた。

好きといえば奇異な眼で見られたその南武線が、今評価を高めている。ちょっと前"南武線大好き！"という女の子のブログを目にして「お、ついに時代が追いついたな！」

無意識雑記帳
Subliminal NOTES

vol.9
N列車で行こう！

とほくそ笑んだこともあったが、最近ではどうやらそんなふうに言う人が結構増えてきているようだ。何においても「刷新」こそが正義のように進められる昨今、たまたま取り残された"余白"に対して多くの人が安らぎを感じ眼を細めている。「時代変われば評価も変わる」もの。ひと握りの人間の一時的な判断で早計なことをすべきではないのだ。

府中在住時代は分倍河原駅で乗り換え立川〜国立に、府中本町駅から登戸駅へ行き町田方面へ出たりした。武蔵溝ノ口へ行き渋谷方面へも出たし、川崎から品川方面の友人に会いに行ったり、武蔵小杉から横浜方面へ遊びに行ったりもした。便利便利を呪文のように唱え都心から離れない便利主義者の方々にこそ、この南武線沿線の見直しを強くおススメしたい。

人はいつの間にか自分の生活に制限を設け、そこから外へ出ることをしなくなる。「やらずに済むならしないに越したことはない」が旨となり、その為に一労栄逸(いちろうえいいつ)に励む。波風立てず〝無事〟にやり過ごすことこそ人生の一義と考え、冒険はおろかちょっとした〝はみ出し〟も嫌う。先日「日本人はやらないためにはなんでもする」と外国のジャーナリストが何かに書いていたが、随分とうまいことをいったものだ。

かと思えば、「何でもやる」という人間もいる。概ねはアタマに「おカネが入るなら」が付く。例えばミネラルウォーターが儲かるとなればジャングルでも湿地帯でもどこへでも行ってガンガン地面を掘り返して工場をぶっ建て、ボトル詰めの水を売る。近隣が渇水してもへっちゃら、雇用を作ったぞとお為ごかす。〝人はポジティヴに仕事に臨むべし〟を御旗に掲げることで大抵の世論も黙らせてしまう。彼らにマナーや思いやりはないが、行動力だけはある。人を蹴散らしても本音で生きることこそカッコ良き人生と踏むのが"彼ら"だ。いったい、このやる・やらないはどっちがいいんだろうか？ 極端な例に見えるが今の社会でどちらにも関わらずに生きるというのは結構難しい。

人口比率に対する個人経営店の割合が大きいといわれる東大和市に、生まれも育ちも同市という生粋の〝東大和っ子〟の親友が住んでいる。プロミュージシャンを経て複数の仕事を生業にしてきた彼には、大きな

無意識雑記帳
Subliminal NOTES
vol.10
オプションにない生き方を

組織に取り込まれて安定を得ようというプロシージャが一貫して無い。常に個人で仕事を創出し、単一職には拘らず柔軟に生き方を変える。株なんぞには興味を持たず、資金がなければ無いなりの所から始めればいいという志向。仮想経済に左右され誰かに雇われる経験しかない人とは真逆の生き方だ。

彼は本業の他に小さな古着屋も経営している。金銭のためというより自分の感性を鈍らせないため、そして周囲にそういう店がすっかりなくなってしまったためにやっているようなフシがある。こういう直接的利益にはならない個人のユルい営利活動は、栄養価の高い街形成には欠かせない養分だ。1個 10 円のコロッケや1本 30 円の焼き鳥を売る昔の肉屋がそうだったように。みんなが手っ取り早い収益だけを追い求めれば街は企業化し、それまであった生身の部分は壊死する。東大和市民はそのことをよく知っているのではないか。

50 歳を過ぎて 2 児のパパとなった彼の多彩で柔軟な生き方を見ていると、育った街の健康度合いがよく判る。そして彼の生き方にこそ、先述のどちらにも関わらずに生きられるヒントがあるように思う。

こんがらかった配線の様相。どうやら数々あった小さな鉄道会社を買収し連結させた結果らしいが、あまりに複雑。その全容を把握できているという人は沿線住人でもそう大勢はいまい。

　確かに当時そんな西武線に街道が分断されるのをよく見た。環八さえも遮っていたくらい同社路線には大胆な踏切が多く、その前で必ず渋滞が起きていた。いわれてみれば都内の慢性化した渋滞に少なからず関与していたようにも思える。そんな西武線は前出の南武線同様、あまり好評価を聴かない。同社グループがノリに乗っていた 80 年代後半でさえ「イナカの電車」的言われ方をしていたのを覚えている。鉄道ファンからの評価もイマイチ。ここ数年は話題にも上って来ない印象だ。しかしここに来て筆者の周囲では "いいねボタン" が押され始めている。「西武線の車両っていいんじゃない？」がその理由。配色はプレーンなソリッドカラー。丸眼のマスクもバランスがよく控えめな印象。とにかくギラギラ感がない。なかんずく多摩湖線に

　会社を辞め、小さな業務用冷蔵機器のメンテナンス会社でバイトしていた時、現場への移動中しばしば渋滞に巻き込まれた。自らハンドルを握っていた社長が「東京の渋滞はな、ほとんどが西武線の仕業なんだよ」と舌打ちして言った。副都心を基点に東京の北側から都下〜埼玉へと延びる西武線は、様々な駅から何本も支線が出ていたり、またある駅で交差したかと思ったら再び分岐したりとまるで

無意識雑記帳 Subliminal NOTES

vol.11
「刷新せず」に好機あり

は好評価が集まっている。白という斬新なカラーリングはありそうでなかったし、ドアと頬っぺの部分だけがステンレスのツートーンというのも高ポイント。すぐ子どもウケを狙ってアニメキャラとタイアップしたりするような昨今にあって、大人っぽくてお洒落、シンプルでカッコイイ、スッキリしていてカワイイと大絶賛。

　また、他社路線駅がどんどんビル化されてゆく中、いみじくも西武線の駅舎は古式ゆかしいまま。スタンダードな駅のフォルムを残している。田無や東村山のホームなどを歩いているとふっと遠くに旅に来たような気持ちに襲われ、つい折り詰め駅弁や半透明の容器に入った熱いお茶を買い求めたくなってしまうほど、気分がほのぼのとする。

　ただ目新しくすることが再開発の目的になってしまっている昨今、送る側は「デザイン」というものがいかに環境に影響し、それが人の心に伝播するかということについてもっとよく気を配るべきだ。あれだけ芳しくなかった西武線の評価が、この件で一気にスマートな印象へと針が振

れた感。もしかすると私の周囲では初のポジティブ評価ではなかろうか。

　実は "刷新" にお金などかける必要はない。むしろこれからはへたにいじらないことが評価される時代になる。ちょっと元気のない同社の再出発の好機は、まさにそのあたりにありと筆者は踏んでいる。

以前から素朴な疑問がある。自宅近隣にマンションが建とうとしている時、「嬉しい！」と思う人は果たしてどのくらいいるものなのだろう？　何よりまず、景観が崩される不安や日照の心配があるはずだ。特に集合住宅がどんどん高層化へ向かう昨今、この問題は大きいはず。視界に入って圧迫感があるという戸建て住宅の住民から、せっかくバルコニーから富士山が見えていたのにウチより高くて見えなくなったという集合住宅住人のケースまで多々あろう。そう考えると「嬉しい」と感じる人はほとんど居ないんじゃないかと思える。

ならば集合住宅に住む人も少ないかといえば、さに非ず。これから住もうと考えている人も含めれば結構いるだろう。高層物件上階の人気が高いのか（あるいは高くしているのか）駅などはビル化させこいつにばんばん造り変えられている。要するに「自宅そばに建つのはいやだが自分が住むものはいい」というワケ。「自分の家から見える景色のためなら他人の景色は遮っても構わない」

とも言っているに等しい。これって随分と身勝手な話ではないか？

以前、国立市に巨大なマンションが建設され、その高さや大きさが「市の条例に違反する」と、地域住民がデベロッパーを相手取って裁判を起したことがあった。彼らは「緑豊かな国立市に建つ〜」的なキャッチコピーで物件を売り出していたようだが、その時原告のひとりである年配女性が彼らにこう言い放った。「あなたがたは私たちが何年もかけて大切に育んで来たこの景観を利用して金儲けをし、それを一瞬で壊そうとしている」。彼らの矛盾を見事に突いた名文句だった。

昨今流行の巨大マンションはここ 20 年くらいで一気に増えた気がする。小泉政権のあたりから、規制緩和に託けて各地でセレブ気取りの高層ビルが林立し始めたと記憶している。忘れてはならないのは、これらは必ずや老朽化する日が来るということだ。時間が経ち修繕費がかさみ始めると抜ける住人が出て来る。そうなると

無意識雑記帳 Subliminal NOTES

vol.12
高層住宅は本当に必要か

各世帯の負担は増える。更に出てゆく……。しかし住人が消えてゴーストマンションと化しても、木造と違ってこれら鉄筋鉄骨はそうおいそれとは壊せない。億単位の費用がかかるのだ。後継者に財産放棄されれば解体費用を出す者もいなくなる。崩壊の危険が増せば放っておくわけにはいかない。そうすれば税金が使われることになるだろう。結果、それは国民の負担だ。そんな物件が山ほどあるのに、国にそこまでの金銭的体力があるのか……。

「ビルの夜景がキレイ」「夏は花火が見える」そんな無邪気な喜びも、多数が不節操に欲求すると行く末に恐ろしい結末が待つことになるかもしれない。高層住宅なんて本当に必要なのだろうか？　今、全国には空き家が800万戸もあるというのに。結局は少数の人々の利益に大多数の日常が犠牲になるシステムのような気がしてならない。住む前に、あるいは買う前にもう一度よく考えてみるべきだ。そしてそれらが建つ時、子ど

もの頃世話になった古い商店街や、味わい深い外観の古い住宅が壊されていることもお忘れなきよう。

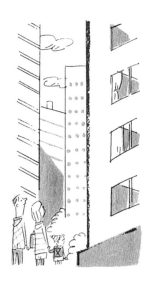

福岡に『シティ情報 Fukuoka』という創刊 40 年の月刊タウン情報誌がある。毎月 5 万部以上を刷る古豪誌で、2015 年夏に友人のカフェに寄った時たまたま訪れていた同誌編集長と偶然居合わせ仲良くなった。40 そこそこの若き編集長 K 氏は、大半の取材を自らで敢行、まるで学生が遊ぶような軽やかさで本を作っている。編集長とは単なる責任者とか仕事の調整役とかではなく、本を編み上げてゆく張本人にほかならない。常に現場の「脳」であり「皮膚」ともあるべきで、それを一番楽しんでやる人間でいることが重要だ。話す内に僕のフィロソフィが共鳴し、ほんの 1 時間ほどの会話で意気投合した。

その後しばしば K 編集長に博多の街を案内してもらっているのだが、驚いたことがふたつ。150 万人超えの福岡市、そのド真ん中であればさぞかし人が多いだろうと敬遠していたが、行ってみるとそうでもないのだ。夕方のラッシュアワーになっても「ああ、人が増えたな」程度。少し外れれば、空く。混雑具合でいえば吉祥寺あたりの方がよっぽ

ど凄いのではないかと思えるほど。関東の人間が思う以上に博多の人口は多いが、東京の感覚で「多い」と考えると間違える。「適度に」が正しい。この「適度」は福岡に来て初体験した感覚で、何だか感心してしまった。

そしてもうひとつはセビロ姿が少ないこと。商業エリアの天神駅界隈は判るにしても、玄関口である博多駅でさえさほど見ない。東京都心であれば、僕が"思考停止の制服"と呼ぶ寒色の上下を着た人々が昼夜問わず右へ左へと流れる光景が通常なのに、ここでは大半が私服。老若男女が満遍なくいて、みな一見では何を生業としているか判らないというちょっと不思議な光景。どういうことなのかは今後精査したいところだが、首都圏の多数派がここではそうじゃないということに瞠目した。

このふたつの驚きは、ジツは我が国の中枢である東京都心の方が異常なんじゃないか? ということを図らずも教えてくれている。適度な人口が、各々思い思いの服装で平日も街を歩いているこっちの方が資本主義社会として正常

無意識雑記帳

Subliminal NOTES

vol.13
シンクロのシティ

な姿なんじゃなかろうか。どこに行ってもぶつかるほどの人が溢れていて、殆どの人々がそうしたいわけではないのに寒色スーツに身を包んでいる。そしてその状態を延々とキープしている。なんて考えていたら、博多の街の空気はどこか都下に近いような気がして来た。夕方でめっても街には充分な隙間があり、パーソナルスペースが確保されている。この居心地の良さはどこか「多摩的」だ (まあ都下が地方都市に近いのかもだが)。

しかし、福岡の人々に都下は知られていない。圧倒的に。東京について訊けば誰しもが山手線内側の話に終始、しかも人ごみに疲れ、できればもう行きたくないという意見多数。イカン! これは都下まで一緒に誤解を受けている!

というわけで、出会った日に即編集長直々オファーをいただき、『シティ情報〜』の連載コラム【再評価通信】で、多摩地区の魅力を九州の人々にじわじわお伝えすることにした。居心地や空気感だけでなく、古い建物がまだ残っているということでも共通する都下なら気に入ってもらえる

はず。今後はこの両地域の交流をさかんにさせることを目論みたい。『たまら・び』とのコラボ号なんてのも、素敵じゃないか。

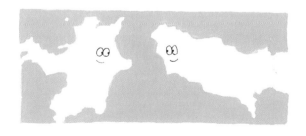

あって当然だったものが何かの力によって失われるということがある。以前は手つかずの森林や美しい海や河川といったものだった。それらは戦後数年の間に、汚され埋められもぎ取られして人工物に蹂躙（じゅうりん）された。その後時間が流れ、世代が変わって人々は反省し、それらの復旧に努めた。河に魚が戻った、森に鳥が戻ったと喜んだ。しかしまだ失くなり続けているものがある。それは空間や感覚といったものだ。以前ニュースで、北陸のローカル駅に立つ鉄道ファンの少年たちが「日本海側の路線は国鉄時代のニオイがする」とコメントしていた。キミらは国鉄なんか知らんだろうに〜なんて思ったものの、こんな少年たちが言うほど現社会には何かが大きく欠落しているのかもと思い直した。消失するものがモノだけでなく「無形の何か」に広く及んで来たと、この時もまた強く感じた瞬間だった。

ここでも駅の再開発や高層マンションの話を書いて来たが、それらは物理的な何かが壊されたりするということだけでなく、それまであった空間や感覚までが丸ごと消失することなのである。これは前段のように復旧させることはできない不可逆的なものだ。そしてこの「無形の何か」の損失の重大性について僕らの多くは鈍感である。例えば、戦前からある駄菓子屋を壊してそこにビルを建てて、その中にレトロ調の駄菓子屋モドキを造ってよしとするようなことだ。殻だけ同じならいいだろうという感性は、本質が判っていない現れであり、残念なことにそういう感性の持ち主が大事なことを決めるイスに座っている場合が多い。

「ならばもうなくてもいいじゃないか」と言うかもしれないが、そうはいかない。それらの請求書は必ず来る。人々のエモーショナルな部分に尾を引いて影響し、世代を跨いでじわじわ効いて来るのである。それがどんなふうに影響するのかは時間経過の中で総合的に検証するしかないのだが、心当たりはないだろうか。例えば昨今よく聴く高齢者同士の喧嘩。ある友人はここ数年間に老年

無意識雑記帳
Subliminal NOTES

vol.14
取り上げられてゆくもの

同士の取っ組み合いを何組も仲裁したと嘆いていた。新宿駅での老人同士の喧嘩が殺人に繋がってしまった事件も耳に新しい。たしなめる立場の世代が公共の場で人目をはばからずに殴り合う。それも押した押さない程度の理由で。

僕には、これらが「無形の何か」の消失に起因しているように思えてならない。空を遮るものがない広い景色がある場所や、古い街並に来るとどこか気分が安らぐというのはほぼ万人の共通感覚。それらをすべてビルに置き換えてしまう大都市では、人々が無意識の内に切迫状態に置かれ、薄いストレスに常態的に晒されているように思う。古い家や商店街を金銭だけで換算し、法律的に問題ナシと高い鉄筋を建て並べた時、その中に日々置かれる人たちの心の状態はどうなるのか。それらが廻り回って後の世代にどんな影響を与えるのか。それを考えなくて良いのだろうか。

九州で友人らに東京の高齢者の喧嘩の話をすると全員「こっちでは考えられない。話し合いはないのか」と驚く。飲食店に入ってもスマフォをいじったりする姿よりも会話し談笑する姿の方が目立つ。空間消失の少ない地方では人口減少など別問題はあるものの、首都圏のような心理問題とはどうやら無縁のように映る。福岡のタウン誌の連載コラムでは、首都圏を反面教師にせよとしばしば喚起している。あの圧迫型都市構造が地方にも反映されたら溜まったものではない。北陸の駅の少年たちのような次世代に僕は希望を託している。

【アラタ・クールハンド作品一覧】

《FLAT HOUSE LIFE 1+2》
トゥーヴァージンズ

首都圏に残る平屋と人々の暮らしぶりを紹介した、09 年と 12 年に発刊され絶版となっていた同名書籍の復刻合本。古家ブームの先鞭をつけたシリーズ初作。

《FLAT HOUSE style シリーズ》
vital method / TEN PRINT

「一冊に平屋一軒」というよりフリーキーなリトルプレス。自転車のコラムや音楽ページなどフラットハウス以外のコンテンツも満載。

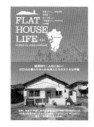

《FLAT HOUSE LIFE in KYUSHU》
辰巳出版

九州のフラットハウスと住人たちののびのびとした暮らしぶりを収録。首都圏ではあり得ない庭の広さや低家賃に驚きの連続。

《HOME SHOP style》
竹書房

自宅を店舗に兼ねて暮らす人々の生活を紹介したフラットハウスの姉妹書。固定費をかけずにムリなく生きる「暮らしのお手本」が詰まった一冊。

《木の家に住みたくなったら》
エクスナレッジ

全編にわたってイラストだけで綴る異色の建築絵本。樹木と木造家屋のすべてがこれ一冊で判る。

FLAT HOUSE に合う音楽をセレクト
《FLAT HOUSE music：summer edition》
ユニバーサル ミュージック

平屋で聴く音楽をアラタ・クールハンドがセレクトしたコンピレーション CD。《FLAT HOUSE style》の同名コラムからスピンオフした夏の必聴盤。

海辺の米軍ハウスにのんびり滞在
《FLAT HOUSE villa》

福岡県の海の街にある朽ちかけていた米軍ハウスを丁寧にリペアし、ゲストハウスとして再生。真裏がビーチという絶好ロケーションの、全国でもめずらしい宿泊できる海辺の米軍ハウス。
※お問い合わせ・ご予約は Airbnb / Facebook から

アラタ・クールハンド

イラストレーター / 文筆家

広告、挿絵、ロゴタイプの制作などの「描く」と、文筆の「書く」を仕事とする。09年フラットハウスと名付ける首都圏に残る古い平屋住宅とそこで暮らす住人たちを紹介する『FLAT HOUSE LIFE』をリリース。以降は住宅そのものから生き方を考えることをテーマにした著書を多く発表する。

また自らも工具を握り、その家のオリジナル度を重視しつつビンテージ建具などを使用して中古住宅のレストアを手掛ける『FLAT HOUSE planning』を主宰。現在は東京と福岡2ヶ所のフラットハウスで暮らす「2拠点平屋交互生活」を実践中。

［Book design］大杉晋也（ohsugi design office）
［Editor］浅見英治

《取材協力》

林 圭一 / 高木光喜 / 弓削ゆみ / カジタマサツグ / 大鶴憲吾 / 古家しょう子 /
河野達郎 / 澤田七洋 / 波多野 保 / 古賀 徹 / 古賀節子 / 大石 勝 / 曽我由加利 /
とりいたかあき / 中村 潤 / 芦原 道 / 小野 猛 / 上原福太郎 / 矢野久代 /
FLAT HOUSE cafe / Gadget mode / HAK / DOZEN / Marinford /
THE BEEHIVE DELUX / Antique Mall booty market / 東和荘 / ベラミ山荘 /
江戸東京たてもの園 / 斉藤昌平 / 中村文具店

《special thanks》

古後大輔 / 藤田 宏 / 小崎奈央子 / 貞國秀幸 / 森田哲弘 / 関口 弘（FLATHOP Records）/
Fukuoka MODS / Mako's cafe / けやき出版 / シティ情報 Fukuoka

再評価通信 REVIVAL journal
さいひょうかつうしん

著者　アラタ・クールハンド

2020年8月7日　第1刷　発行

発行者　内野峰樹
発行所　株式会社トゥーヴァージンズ
　　　　〒102-0073
　　　　東京都千代田区九段北 4-1-3
　　　　電話：(03)5212-7442
　　　　FAX：(03)5212-7889
　　　　http://www.twovirgins.jp/
印刷所　株式会社シナノ

ISBN　978-4-908406-69-0

©Arata Coolhand 2020 Printed in Japan